masteryourmind

ISA ULUBAEV

WENN DU LIEBE WILLST, MUSST DU LIEBE SEIN

AF202002

masteryourmind

ISA ULUBAEV

WENN DU LIEBE WILLST, MUSST DU LIEBE SEIN

Das richtige Mindset schaffen, um die wahre Liebe zu erkennen und ins Leben zu ziehen

 mvgverlag

Bibliografische Information der Deutschen Nationalbibliothek
Die Deutsche Nationalbibliothek verzeichnet diese Publikation in der Deutschen National-
bibliografie.
Detaillierte bibliografische Daten sind im Internet über http://d-nb.de abrufbar.

Für Fragen und Anregungen
info@mvg-verlag.de

Originalausgabe
5. Auflage 2023
© 2020 by mvg Verlag, ein Imprint der Münchner Verlagsgruppe GmbH
Türkenstraße 89
80799 München
Tel.: 089 651285-0
Fax: 089 652096

Redaktion: Iris Rinser
Umschlaggestaltung: Marc-Torben Fischer
Umschlagabbildung: Isa Ulubaev
Layout und Satz: Müjde Puzziferri, MP Medien, München
Druck: Florjancic Tisk d.o.o., Slowenien
Printed in the EU

ISBN Print 978-3-7474-0165-1

ISBN E-Book (PDF) 978-3-96121-530-0

ISBN E-Book (EPUB, Mobi) 978-3-96121-531-7

Weitere Informationen zum Verlag finden Sie unter
www.mvg-verlag.de
Beachten Sie auch unsere weiteren Verlage unter www.m-vg.de

INHALT

PART III – DIE STRATEGIE

WIE DIESES BUCH DEIN LEBEN VERÄNDERN WIRD

Was ist wahre Liebe? Diese Frage wird wohl für viele ihr Leben lang ein Rätsel bleiben. Wenn ich es dir auf einen Schlag sagen müsste und nur ein Wort dafür hätte, dann wäre es alles. Liebe ist wirklich alles. Das zu begreifen ist das ultimative Ziel, denn es wird dir die größtmögliche Erlösung geben, von all dem Leid und dem Kummer, den du momentan vielleicht hast. Ganz egal, ob es Liebeskummer ist oder Leid durch die Beziehung zu deinen Freunden.

Beziehungen sind Beziehungen, und alles in diesem Leben steht in Beziehung zueinander. Selbst deine Kaffeemaschine hat eine Beziehung zu dir oder auch dein Computer. Entweder du hasst ihn oder du liebst ihn, je nachdem wie gut er funktioniert. Dieser Hass oder die Liebe kommt aus dir und niemand anderem, und das weißt du sicherlich schon bereits, nur fehlen dir die notwendigen Methoden, um das auch zu erkennen. Zu verstehen, dass Liebe alles ist. Damit meine ich, es zu verinnerlichen und als Weisheit anzunehmen. Das Wissen lässt dich verstandesmäßig begreifen, was die Liebe sein kann. Nur die Weisheit aber lässt das Gefühl der Liebe in dir keimen, sie lässt dich Liebe sein.

Ebenso wie du eine Meinung über deinen Computer hast, so haben wir auch eine Meinung über die Menschen in unserem Leben. Entweder wir führen eine gute oder eine schlechte Beziehung zu ihnen. Worauf aber kommt es an, wenn wir eine gute Beziehung führen wollen? Was müssen wir anders machen als sonst? Warum gibt es diejenigen, die glücklich und zufrieden sind, während andere die ganze Zeit grimmig auf den Boden schauen? Warum ist der eine voller Angst, während der andere voller Zuversicht und Glaube an sich ist? Warum lebt die eine in einem luxuriösen Apartment, wo sie unendliche Fülle besitzt, während die andere in einer Einzimmerwohnung hockt und sich selbst bemitleidet? Warum ist der eine glücklich verheiratet und vollends zufrieden mit seiner Beziehung, während der Bruder jedes Jahr von vorne anfängt? Gibt es darauf eine Antwort? Oh ja, die gibt es, und ich werde sie dir in diesem Buch geben.

Das Ziel dieses Buches ist es, die fundamentalen Wahrheiten der Liebe und damit deines gesamten Lebens in einer einfachen Sprache rüberzubringen. Es sind die Gesetze des Lebens, deines Denkens und des Herzens. Gerade weil die meisten in ihrem Kopf feststecken, wird es vor allem darum gehen, dass du lernst, wie du zurück in dein Herz kommst, um eben die Menschen und Dinge in dein Leben zu ziehen, die du dir wirklich wünschst. Das große Geheimnis liegt nämlich tief in dir drin, doch die meisten wissen nicht, wie sie Zugang zu eben diesem tiefen Inneren finden. Lies dieses Buch und studiere es, um all die Dinge, die darin enthalten sind, wirklich zu verinnerlichen, denn es wird dir ein erfolgreiches und erfüllendes Leben bieten, darauf kannst du dich verlassen. Wenn du es schaffst, den Naturgesetzen des Lebens und unserer Beziehungen auf die Spur zu kommen, wirst du wahre Erfüllung finden.

Diese Erfüllung beinhaltet zwei Dinge, die grundlegend miteinander verknüpft sind, Arbeit und Liebe. Mit Arbeit und Liebe meine ich das Wachstum an dir selbst, wie eine Blume, die aus sich heraus wächst, um ihren Samen der Welt zur Verfügung zu stellen. Eine einzelne Blume oder ein einzelner Baum mag unbedeutend erscheinen. Und doch könnten sie nicht wichtiger sein. Jede einzelne Pflanze trägt durch die Früchte, die an ihr wachsen, oder durch den Sauerstoff, den sie produziert, zu unserem Leben bei. Und jede Beziehung, die wir in Liebe leben, trägt zu einem lebenswerten Umfeld bei. Wenn du also vielleicht noch glaubst, dass deine Wenigkeit unbedeutend sein sollte oder dass es da draußen keinen Grund dafür geben sollte, dass du dich entfaltest, ganz egal was für einen Wunsch du tief in dir trägst, dann kannst du dich beruhigen, denn du bist wichtig, glaub mir. Sehr wichtig sogar.

Wenn du an dir selbst arbeitest, kannst du dich optimal entfalten. Doch nur, wer sich selbst entfalten kann, kann überhaupt Liebe geben. Es geht nur darum, zu wachsen und einen Beitrag zu leisten. Eben das ist das große Fragezeichen, das oft in Beziehungen zu finden ist: Wie kann ich richtig geben? Wie kann ich richtig nehmen? Was ist die goldene Mitte? Wie kann ich dies erkennen? All diese Dinge, all die Antworten, all die Resultate sind bereits in dir enthalten, und du trägst das Glück bereits in dir. Stell dir vor, da ist ein riesiger, geschliffener Rohdiamant, und irgendwer hat einfach einen Haufen Dreck draufgeworfen, sodass man das Glitzern nicht mehr sehen kann. In diesem Buch wird es vor allem darum gehen, dass du diesen Dreck nach und nach entfernst und der Glanz zum Vorschein kommt.

Im ersten Teil des Buches wird es vor allem um deine innere Welt gehen. Wie stehst du zu dir selbst und wie kannst du dich zu deinem Vorteil ändern? Der zweite Part behandelt die verschiedenen Techniken, die dir nutzen, um einen Menschen in deinen Bann zu ziehen. Wie baust du ein Gespräch auf? Was kannst du tun, um auch eine Beziehung langfristig intakt zu halten? Was ist der Unterschied zwischen Mann und Frau? Wie ticken wir? Wie kannst du ein Gespräch eröffnen und dabei attraktiv wirken?

All diese Bausteine sind wichtig, um gelingende Beziehungen zu anderen Menschen zu schaffen. Und doch dürfen wir das große Ganze nicht aus den Augen verlieren. Viele nennen dieses Ganze Universum, Gott, Buddha oder Allah. Ich nenne es einfach Liebe. Wir alle versuchen, unser Leben lang zu verstehen, warum wir überhaupt jeden Tag aufstehen. Warum wir jeden Tag das tun, was wir tun. Warum wir immer wieder Schmerz und Leid durchleben müssen. Ich möchte dir vermitteln, dies alles als die großartige Reise des Lebens zu sehen. Und dir zeigen, was da Unglaubliches am Ende dieser Reise auf dich wartet: die wahre Liebe.

SELBSTBEWUSSTSEIN

Wenn es ein Wort gibt, mit dem ich zusammenfassen müsste, worum es in diesem Buch geht, dann ist es *Selbstbewusstsein*. Was hat Selbstbewusstsein mit der Liebe zu tun?

Eine ganze Menge. Ich bin ziemlich sicher, dass auch dir schon einmal das Herz gebrochen wurde, sonst wärst du ja nicht hier. Da haben wir auf jeden Fall etwas gemeinsam. Ich kenne das, und es ist ein Scheißgefühl. Als hätte sich ein Krater unter dir aufgetan, während über deinem Kopf eine Gewitterwolke hängt, aus der permanent Blitze zucken. Wie oft hast du schon im Bett gelegen und dich selbst bemitleidet? Man kann es einfach nicht schönreden, verlassen zu werden ist so ziemlich das Verletzendste, was einem passieren kann. Und hier kommt das Selbstbewusstsein ins Spiel. Dein Selbstvertrauen ist die Basis dafür, dass du die Liebe bekommst, die du wirklich verdienst. Hört sich komisch an? Ist es aber nicht. Der Grund, warum wir immer wieder und wieder verlassen werden und leiden wie ein Hund, liegt in unserem Selbstbewusstsein.

Hast du das Wort schon mal genauer betrachtet? Denn eigentlich sind es doch drei Wörter: *Selbst – bewusst – sein*. Irgendwie also sind wir ausgerutscht und in diesem merkwürdigen Leben hier gelandet, aber wie viele wissen eigentlich wer sie *selbst* sind? Wie viele Menschen sind sich dessen nicht *bewusst*? Und was zum Henker bedeutet eigentlich dieses *Sein*?

Eine Sache ist definitiv klar, du brauchst das Zeug. Wenn du dir selbst bewusst bist, bedeutet das, dass du ganz genau weißt, wer du bist und was du vom Leben willst. Klar, ich dachte auch lange Zeit, das schnellere Auto und coolere Klamotten machen mich glücklich. Doch tief in mir drin merkte ich, dass mir was fehlt. Manchmal ist es ein blo-ßes Lächeln oder eine simple Umarmung, was uns glücklich macht. Warum? Weil wir alle nach Liebe und Verbundenheit suchen. Sobald dir das selbst bewusst ist, merkst du, dass es auch allen anderen so geht. Und mit diesem Wissen kannst du ganz anders auf deinen Traummann oder deine Traumfrau zugehen. Wenn du weißt, wer du bist, wird es dir umso leichter fallen, dein Herz zu öffnen.

Wie kannst du die magische Anziehungskraft entwickeln, um die Menschen, die wahre Liebe wirklich verdient haben, in dein Leben zu lassen? Du musst fähig sein, dein Herz zu öffnen. Wenn du Liebe willst, dann musst du erstmal Liebe sein. Was aber bedeutet es, Liebe zu sein? Viele Jahre lang war ich der festen Überzeugung, dass Liebe ein Gefühl ist, das uns plötzlich einfach so überkommt. Die berühmte Liebe auf den ersten Blick. Mit der Zeit aber verstand ich, dass dieses blitzartige Gefühl recht wenig mit der wahren Liebe zu tun hat. Hollywood hat mich wirklich geprägt. Die Prinzessin lässt ihre langen Haare herunter, ich steige vom Pferd und rette sie vor dem Bösewicht. Das war meine Vorstellung von Liebe. Der Bösewicht war das Arschloch, das mit ihr zusammen ist, und ich bin der nette Typ, der ihr hinterherläuft und ihre Hausaufgaben macht.

Dies ist eine sehr oberflächliche Version der Liebe und kommt im wahren Leben praktisch nicht vor. Ich möchte dir jetzt zeigen, wie es dir gelingt, dir selbst bewusst zu werden, dein Herz zu öffnen und dich bereit zu machen für die wahre Liebe!

PART I

DIE
STORY

Grade eben habe ich über die Hollywood-Story von Liebe gesprochen. Sie hat wirklich jahrelang genau so in meinem Kopf herumgespukt. Hand aufs Herz: Hast du dich nicht auch schon einmal in so eine Spielfilm-Welt hineingeträumt? Die meisten von uns erzählen sich im Kopf eine Geschichte, die ganz stark einem Liebesroman ähnelt.

Das ist vollkommen normal. Wir Menschen brauchen Geschichten, um die komplizierte Welt da draußen besser begreifen zu können. Doch es ist fatal, wenn wir uns jahrelang, immer und immer wieder eine gefakte Geschichte erzählen. Denn das problematische an der ganzen Sache ist, dass die Storys, die wir in unsere grauen Zellen gebrannt haben, leider nur sehr selten zur Realität passen. Das war mein größter Fehler, und ich vermute auch deiner. Wie oft passiert es nämlich, dass sie mit dem Arschloch davonzieht, oder er mit einer anderen umhertobt, während du sie wie einen Engel behandelt hast? Bei aller Liebe, wenn das einmal passiert, wäre es ja in Ordnung, aber jedes Mal? Wirklich? Irgendwann fängt man doch an, sich zu fragen, was hier verdammt noch mal schiefläuft.

Wir sollten die Geschichten, die in unserem Kopf ablaufen, immer wieder mal mit der Realität vergleichen. Was sagt uns die Geschichte, die du dir immer wieder erzählst? Bist du die eine, die ihn endlich verändern wird? Bist du der Retter, der sie endlich erlösen wird? Eben das ist unser *Selbst* aus dem wundervollen Wort *Selbstbewusstsein*. Dieses Selbst, das bist nicht wirklich du. Es ist eine bloße Geschichte, die du dir jeden Tag erzählst und irgendwann beginnst zu glauben. Wenn diese Geschichte nicht zu der Realität passt, wie sie wirklich ist, dann wirst du dir verdammt wehtun, sobald du auf dem harten Boden der Wirklichkeit aufkommst.

Deshalb wird es in diesem ersten Teil des Buchs darum gehen, all die falschen Glaubenssätze und Paradigmen über Liebe aus deinem Kopf zu streichen. Sobald du diese rosarote Brille endlich abgelegt hast, wirst du in den Genuss von wahrer Liebe kommen.

LIEBE UND BESTÄTIGUNG

Mehr denn je streben wir in unserem Leben nach Aufmerksamkeit und Bestätigung. Es ist völlig normal geworden, schöne Momente und Fotos vom neuen Outfit in den sozialen Netzwerken zu posten und prompt eine Rückmeldung darauf zu bekommen. Wissenschaftler haben herausgefunden, dass das Streben nach Likes oder Kommentaren im Internet süchtig machen kann. Je mehr wir posten, desto mehr Bestätigung möchten wir haben, und irgendwann sind wir abhängig davon. Viele verwechseln das dann auch mit Zuneigung oder Liebe.

Was die Bestätigung von der Liebe unterscheidet, zeigt meiner Meinung nach folgende Geschichte ganz gut: Stell dir vor, du wanderst durch die Stadt und bemerkst plötzlich auf der anderen Straßenseite einen unwahrscheinlich schönen Glanz, ein strahlendes Glitzern. Du kneifst die Augen zusammen, um zu erkennen, was es ist, und siehst eine halb geöffnete Truhe voller Schätze. Die kostbarsten Dinge liegen in der Truhe, so strahlend, dass du kaum hinsehen kannst. Ein magischer Sog geht von dem Glitzern aus. Über der Schatztruhe ist ein Schild angebracht: WER DIESE KISTE ZUERST ERREICHT, DARF SIE BEHALTEN. Da überlegst du natürlich nicht lange und rennst los. Wäre dieser Schatz in deinem Besitz, wärst du mit einem Schlag alle Sorgen los. Du hättest Geld ohne Ende, alle würden dich bewundern, und obendrein hättest du noch die beste Story. Du überlegst schon, wie du am besten für das Selfie posierst, da siehst du aus dem Augenwinkel, wie sich ein brüllender Löwe in deine Richtung stürzt. Was wird wohl deine Reaktion sein? Du wirst wohl sehr wahrscheinlich deine Beine in die Hand nehmen und sofort verschwinden, denn alles in deinem Körper wird nur danach schreien zu überleben. Dein System fährt alle Denkprozesse runter und schießt all das Blut aus deinem Kopf direkt in Arme und Beine, damit zu so schnell wie möglich Land gewinnst.

Nun stell dir eine andere Geschichte vor: Du möchtest deine kranke Mutter besuchen und siehst schon von Weitem, dass ihr Haus in Brand steht. Nur dass vor dem Haus nicht die Feuerwehr steht, sondern ebenfalls ein wild gewordener Löwe. Du weißt, dass sich deine Mutter nicht bewegen kann, und wenn du sie nicht rettest, wird sie qualvoll verbrennen. Was tust du? Wirst du auch die Flucht ergreifen? Oder versuchen, an dem Löwen vorbeizukommen? Ganz unabhängig davon, wie deine Antwort lautet, ich würde es tun. Keine verdammte Sekunde würde ich damit verschwenden, darüber nachzudenken, ob ich es tue oder nicht. Denn das ist in meinen Augen der feine Unterschied zwischen Liebe und Bestätigung. Wenn wir für Schätze leben, dann werden die Hürden, die im Leben auf uns warten, immer zu groß sein. Doch wenn es Liebe ist, kann uns absolut nichts aufhalten, auch wenn es ein tollwütiger Löwe ist.

Lass mich dir etwas genauer erklären, was ich mit Bestätigung oder Liebe meine. Als ich ein kleiner Junge war, lebte ich gemeinsam mit meiner Familie in unserer damaligen Heimat Tschetschenien. Das ist eine Republik im Kaukasus, südlich von Russland. Bis heute ist meine stärkste Erinnerung an meine Heimat, wie wir zusammengesessen und gegessen haben. Meine Großeltern, meine Eltern, meine Cousins und Cousinen, alle zusammen. Auch die Onkels und Tanten waren dabei. Es war eine große Familie, die ständig miteinander Zeit verbracht hat. Du musst verstehen, in Tschetschenien läuft alles sehr entschleunigt ab, zumindest damals. Es ist nicht wie in Deutschland, wo alles so unglaublich schnell und hektisch ist. Dort ging es vielmehr um die gemeinsame Zeit und die Familie als um Karriere und Status, auch wenn das hier ebenfalls nicht immer der Fall ist. Jedenfalls hat es mir nie an Liebe gemangelt.

Jeder Einzelne von diesen Menschen damals hat mir die nötige Liebe gegeben, die ein Kind braucht, um aufblühen zu können. Leider dauerte diese schöne Zeit nicht ewig. Irgendwann begann der Krieg, und irgendwann erreichte dieser Krieg auch unser Dorf, und wir mussten fliehen.

Nach vielen Strapazen und Hindernissen kam es letztendlich dazu, dass ich in Deutschland ankam, gemeinsam mit meiner Familie. Wir landeten zunächst im Asylheim. Auch dort war ich ziemlich glücklich, ich wollte all die unterschiedlichen Menschen kennenlernen, und es fanden sich immer andere Kinder zum Spielen. Ich sah all das immer noch durch meine wundervolle rosarote Kindheitsbrille. Meine Eltern hingegen hatten ein großes Problem damit, dass es dort so viele verschiedene Nationalitäten gab. Ich vermute, sie hatten einfach Angst. Ihre Brille war eher schwarz gefärbt.

Nach einigen Jahren mussten wir auch das Asylheim verlassen und zogen in eine Stadt, die einige Kilometer weiter lag. In dieser Stadt kam ich in ein ganz anderes Umfeld. Ich lernte natürlich neue Jungs in der Schule kennen, mit denen ich andere Interessen verfolgte als noch zuvor. Im Asylheim war ich unfassbar fleißig gewesen. Ich hatte ständig zusammen mit den anderen Kindern gelernt, und für jemanden, der gerade erst die deutsche Sprache erlernte, hatte ich wirklich gute Noten geschrieben. In meinem neuen Umfeld waren gute Noten allerdings nicht wichtig. Also wurden auch mir andere Dinge wichtiger. Immerhin wollte ich unbedingt zur Gruppe gehören. Das Problem daran war bloß, dass meine Noten mit der Zeit immer schlechter wurden. Als ich also eines Tages mit dem Zeugnis nach Hause kam, war die Reaktion nicht wie erwartet. Meine Mutter begegnete mir mit einem: »Was soll das? Was sind das denn für Noten? Was denkst du dir dabei?« In diesem Moment war es, als hätte mich ein Dolch ins Herz getroffen. Es war die reinste Ablehnung für mich. Es ist verständlich, dass eine Mutter sich gute Noten erhofft, doch als Kind denkst du dir in diesem Moment bloß: »Warum kriege ich keine Liebe mehr?«

So begann ein Teufelskreis. Ich konnte es nicht gleichzeitig meinen Freunden recht machen und mit ihnen abhängen und meiner Mutter, die erwartete, dass ich daheimbleibe und lerne. Mein Gedanke zu diesem Zeitpunkt war: »Wenn du mir keine Liebe gibst, dann hole ich sie mir eben woanders.« Woanders war der Ort, an dem sich die Jungs herumtrieben, mit denen ich Zeit verbrachte. Leider verstand ich damals nicht, was Bestätigung und Liebe wirklich sind, denn das, was die Jungs mir gaben, war keine Liebe. Es war lediglich Bestätigung. Bei den Jungs und mir ging es nicht um Noten, sondern um lange Joints und leere Wodkaflaschen. Wenn ich also einen Joint geraucht hatte, dann erhielt ich Lob dafür: »Wow, krass, ein ganzer Joint allein. Heftig.«

Am nächsten Tag aber reichte ein Joint schon nicht mehr, um cool zu sein. Also musste ich dieses Mal zwei rauchen, damit ich meine Anerkennung und Bestätigung bekommen konnte. »Wow, krass, zwei Joints. Heftig man.« Eben das ist das Problem mit der Bestätigung, wir müssen immer wieder was drauflegen, damit wir sie bekommen, und so tat ich es auch. Aus den zwei Joints wurden irgendwann bewaffnete Raubüberfälle. Ich war inzwischen so weit abgedriftet, dass es für mich beinahe in den Bau ging, weil ich für diese Straftaten mehrmals vor Gericht saß.

Gott sei Dank konnte ich eines Tages eine 180-Grad-Wendung machen und mein Leben komplett verändern. Irgendwann habe ich durchschaut, dass mir die oberflächliche Bestätigung meiner sogenannten Freunde egal sein kann. Die wichtigste Erkenntnis aus den damaligen Erfahrungen war, dass Liebe oft verwechselt wird mit Bestätigung. Während Bestätigung aus der Angst heraus entsteht, erwächst Liebe aus der Fülle. Das bedeutet, dass es uns bei Bestätigung viel mehr um Sicherheit geht, also das Negative zu vermeiden. Liebe dagegen zielt immer auf das Positive, auf Energie und Wachstum. Bestätigung wird aus einem Mangel heraus gefordert, Liebe repräsentiert die Fülle. Bestätigung sieht also nur den Mangel, der momentan da ist. Liebe erkennt und akzeptiert die Fülle.

Die Suche nach Aufmerksamkeit und Bestätigung hat auch etwas Trennendes. Wir spalten uns in Gruppen und schließen andere aus. Ich habe beispielsweise entschieden, dass meine Mutter die Böse ist und meine Freunde mich viel besser verstehen. Wir haben zusammengehalten, gemeinsam gegen den »Terror« unserer Eltern. Mit der Zeit wurden wir kriminell und der Feind war der Staat. Der gemeinsame Kampf gegen einen Feind schweißt eine Gruppe extrem zusammen. Aber gleichzeitig trennt sich diese Gruppe auch ab vom Rest der Welt. Und das passiert andauernd. Wir trennen, statt zu akzeptieren. Nicht, weil wir schlechte Menschen sind, sondern weil wir es einfach nicht besser wissen. Hätte ich damals schon gewusst, wie die wahre Liebe tickt, hätte ich meine Mutter nicht bekämpft, sondern sie einfach umarmt. Ich hätte erkannt, dass ihre vermeintlich böse Reaktion auf meine schlechten Noten aus Liebe entsprang. Sie liebte mich, und sie wollte nur das Beste für mich.

Liebe ist wie ein warmes Licht, Angst ist wie ein kalter Schatten. Du selbst und nur du entscheidest jeden Tag, ob du Liebe oder Angst in deinem Leben willst, je nachdem wie du mit deinem Umfeld und mit dir selbst umgehst. Je nachdem, ob du die Welt akzeptierst oder ablehnst, so wie sie ist. Akzeptanz wird dir Licht und Wärme bringen. Ablehnung wird dir immer Schatten und Kälte bringen. Und ja, da draußen gibt es unfassbar viele Menschen, denen es unglaublich kalt ist. Ebenso war es mit meiner Mutter. Sie hatte Angst davor, was aus mir werden würde, wenn es so weiterginge. Angst, dumm dazustehen, wenn ihre Freundinnen erst einmal sahen, was für schlechte Noten ich hatte. Ihre Ablehnung hatte mich dazu gebracht, dass ich nun sie ablehnte, und so nahm jetzt das ganze Dilemma seinen Lauf.

Du verstehst jetzt vielleicht, dass es wirklich wichtig ist, was du in Situationen, in denen du Ablehnung erfährst, tust. Um diese Momente zu meistern, benötigst du eine starke Achtsamkeit. Das bedeutet, du musst dir des Momentes bewusst werden. Erkennen, was hier gerade passiert, um angemessen darauf zu reagieren. Natürlich konnte ich das als Kind nicht, also wählte ich den Weg der Bestätigung und wurde zu einem Kriminellen.

Wie sieht es mit dir aus? Befindest du dich auch in einer Beziehung, in der das Streben nach Bestätigung die Oberhand gewonnen hat? Ich zeige dir einen Trick, wie du das ganz einfach herausfinden kannst. Das deutlichste Merkmal, das Liebe und Bestätigung voneinander unterscheidet, ist die Bedingung. Bestätigung ist immer an eine Bedingung geknüpft. So musste ich beispielsweise jeden Tag einen weiteren Joint rauchen, damit meine Freunde mir Beachtung geben. So musst du beispielsweise unbedingt den Müll rausbringen, damit deine Frau dich schätzt. So musst du beispielsweise immer die Bude aufräumen, damit er dich gerne hat. Das allerdings hat recht wenig mit Liebe zu tun, auch wenn du mir jetzt vielleicht widersprechen magst. Wahre Liebe ist nämlich bedingungslos. Es ist egal, ob sie dir zurückschreibt oder nicht, du wünschst ihr trotzdem nur das Beste. Es interessiert nicht, ob du einen Joint rauchst oder nicht, du bist trotzdem wundervoll. Es spielt keine Rolle, ob du mich fertigmachst wegen meiner Note, ich liebe dich trotzdem, ganz egal was kommt.

Es steht absolut nichts dazwischen, denn Liebe ist die volle Akzeptanz der Dinge, so wie sie sind. Das Einzige, was dich daran hindert, ist deine antrainierte Angst. Die einzigen evolutionären Ängste, die wir haben, sind die Höhenangst und die Angst vor Geräuschen, alles andere ist antrainiert. Wenn du also Angst davor hast, verlassen zu werden, dann kannst du das ändern, doch dafür musst du Angst erst einmal verstehen. Sobald du das nämlich getan hast, wirst du sie ebenfalls in dein Herz schließen, und das ist der große Schritt, den du machen musst, um wahre Liebe zu erfahren. Es ist das Fundament für eine glückliche Beziehung zu all den Menschen in deinem Leben. Ob Partner, Freunde oder Familie.

ANGST VERSTEHEN

Damit du Angst verstehen kannst, musst du dir erst mal darüber im Klaren sein, dass die Welt nicht so ist, wie sie ist, sondern wie wir sie betrachten. Es kommt immer darauf an, mit welcher Brille wir die Welt sehen. Die meisten Menschen sehen die Welt leider durch eine schwarz gefärbte Brille der Angst. Sie trachten nach Bestätigung und Status, und das sorgt dafür, dass sie ständig in einem Gefühl des Mangels gefangen sind. Du musst den Erwartungen gerecht werden oder du hast versagt. Deshalb haben wir ständig Angst davor, dass wir versagen könnten. Die Angst, dass wir am Ende nichts wert sind. Eben das ist die größte Angst, die die Menschen in unserer Gesellschaft haben: »Ich bin nichts wert.«

All die Menschen da draußen haben gewisse Erwartungen, die sie an dich richten, ist es nicht so? Deine Eltern oder dein Arbeitgeber, deine Freundin oder dein bester Freund, all diese Menschen haben eine gewisse Vorstellung davon, wie du zu sein hast. Welchem Bild du gerecht sein solltest. Der Chef will, dass du gute Ergebnisse bringst, während deine Eltern sich wünschen, dass du mit guten Noten nach Hause kommst. Deine Freundin will öfter mit dir ausgehen und mehr Zeit verbringen, und der Freund ist plötzlich neidisch, weil du viel mehr Zeit mit ihr verbringst. Jeder hat sein ganz eigenes Bild davon, wie du zu sein hast, und weil du glaubst, dass du diese Menschen liebst, fängst du an, ihren Vorstellungen gerecht zu werden. Sie wünschen sich eine fehlerfreie Version von dir, die ständig glücklich ist, und so beginnst du deinen Höllentrip. Du hast große Ängste, die in dir sitzen, die du jedoch nicht nach außen zeigen willst, damit die anderen dich nicht verurteilen, also bleiben sie in dem Keller deines Bewusstseins gefangen. Deinem

Unterbewusstsein. Dort in diesem Keller sind so einige Leichen vergraben, von denen lieber niemand etwas wissen sollte, und deshalb gibst du nach außen hin vor, glücklich zu sein. Mit der Zeit also lernen die Menschen, dir zu vertrauen, weil du scheinbar das tust, wovon du sagst, dass du es tust, und das bist, wovon du meinst, dass du es bist. Du tust nun alles für die anderen, und sie sind glücklich darüber, doch eine Person hast du vergessen: dich selbst.

Ich möchte dafür plädieren, sich seinen Ängsten zu stellen. Identifiziere sie, denk dich in sie rein. Und dann begegne ihnen! Bevor du dich nicht mit deinen Ängsten auseinandergesetzt hast, wirst du nie richtig zu dir selbst finden. Solange du deine Ängste ablehnst, lauern sie im Keller deines Bewusstseins. Was du jedoch noch nicht begriffen hast, ist, dass sie dir nur helfen wollen. Sie wollen dir klarmachen, dass etwas in deinem Leben nicht so läuft, wie es eigentlich sein sollte. Sie sind ein Warnsignal dafür, dass in deinem Herzen etwas anderes schlummert, als du momentan nach außen vorgibst. Und eben deshalb schreien sie immer lauter und lauter. Da ist diese Kellertür, und jeden Abend hämmert deine Angst dagegen. Gleich hinter dir, während du auf dem Sofa sitzt und fernsiehst. Was aber tun wir meistens, wenn das Hämmern beginnt und es lauter wird?

Wir drehen den Fernseher einfach lauter, damit wir es nicht hören müssen. Wir schauen weg von der Kellertür zum Fernseher, um uns abzulenken, und sollte das Hämmern an der Tür irgendwann noch lauter werden, drehen wir die Störgeräusche unseres Lebens noch höher: mehr Sex, mehr Alkohol, mehr Social Media, mehr Sport, mehr Ablenkung. Die Angst jedoch wird nicht einfach so gehen, und das weißt du.

Noch geht es dir vielleicht gut, aber irgendwann wird der Zeitpunkt kommen, an dem sich das plötzlich ändert. Bitte verstehe das nicht falsch. Ich bin nicht hier, um dir noch mehr Angst zu machen, als du vielleicht jetzt schon hast. Was ich dir einfach klarmachen will, ist, dass diese Ängste, die du ständig hast, einfach nur ein Zeichen dafür sind, dass du etwas in deinem Leben ändern musst, und zwar so schnell wie möglich. Was aber genau sollst du denn nun tun? Fange an, zu akzeptieren, dass du Ängste hast. Es ist normal, alle haben Ängste. Glaube mir: In dem Moment, in dem du deine Ängste identifiziert hast, werden sie schon ein ganzes Stück kleiner. Versuche, nicht ständig den Erwartungen der anderen gerecht zu werden, sondern finde heraus, wer du wirklich bist und was du wirklich willst.

Und dann: Begegne deinen Ängsten! Versuche, sie aktiv Schritt für Schritt kleiner zu machen oder ganz aus deinen Gefühlen zu streichen. Wie das gehen soll? Stell dir vor, du möchtest hundert Kilo stemmen. Momentan bist du sehr wahrscheinlich nicht bereit dafür. Deshalb wirst du ins Fitnesscenter gehen müssen, um dort regelmäßig die Bank zu drücken. Du hast nun also ein Ziel und einen Startpunkt. Deine jetzige Basis sozusagen. Dazwischen liegt die Angst. Stell dir vor, du gibst in dein Navigationssystem ein, dass du diese hundert Kilo drücken willst. Der Zielort ist also nun bestimmt. Du kennst deine Idealvorstellung. Du und hundert Kilo auf der Hantelbank. Jetzt fängt das Navi an, mit dir zu sprechen. Es sagt, geh ins Fitnesscenter und trainiere heute noch. Diese Stimme ist dein Herz. Intuitiv weißt du ganz genau, was du zu tun hast, doch dazwischen ist die Angst. Woher kommt diese Angst jetzt? Warum gehst du nicht einfach los und fängst an zu trainieren, was denkst du? Na, weil du gelernt hast, dass du keine Fehler machen darfst. Und wenn dich alle dort im Fitnesscenter sehen, wie du mit deinen dünnen Armen hereinkommst, dann werden sie dich auslachen. Und dann? Was dann? Hast du diesen Gedanken schon mal zu Ende gedacht?

Was passiert, wenn sie plötzlich über dich lachen? Gar nichts. Absolut gar nichts. Weil du es aber inzwischen so oft gemacht hast, hast du dir bereits angewöhnt, direkt zu Hause zu bleiben und es gleich bleiben zu lassen. Du hast gelernt, dass die Angst ein Signal dafür ist, dass du verurteilt wirst. Tatsächlich ist die Angst jedoch ein Zeichen dafür, dass du auf dem richtigen Weg bist. Denn, wenn du ein Ziel erschaffst, das du erreichen willst, dann liegt dazwischen immer ein Weg. Wenn dein jetziges Ich nicht ausreicht, um dieses Ziel wahr zu machen, so wird eine Angst in dir entstehen, weil sie dir klarmachen will, dass dir noch etwas fehlt. Dass du noch nicht der Mensch bist, der du sein musst, um diese hundert Kilo zu drücken.

Zwischen deinem idealen Ich und deinem jetzigen Ich liegt also eine Brücke. Du musst eigentlich nur drübergehen, doch die meisten bleiben lieber am Anfang der Brücke stehen, weil sie zu viel Angst haben, was die Leute auf dem Weg so sagen könnten. Aber nochmal: Angst ist etwas Gutes. Es kommt lediglich darauf an, wie du sie betrachtest. Ob du sie akzeptierst oder verleugnest.

DER WEG ZUR WAHREN LIEBE

Ohne ein gewisses Maß an Angst ist Liebe nicht möglich. Du musst durch die Angst, um wahre Liebe zu erfahren. Weil wir jedoch gelernt haben, Gefühle zu unterdrücken und die Angst zu verleugnen, enden wir im ewig kreisenden Karussell des Selbstmitleids. Damit du das Ganze einfacher verstehen kannst, stell dir einmal ein Thermometer vor. Auf diesem Thermometer gibt es die Zahlen Eins bis Zehn. Die Eins seht für dein jetziges ängstliches Ich und bildet das Minimum der Skala. Die Zehn ist die Liebe und dein ultimatives Ich und somit das Maximum. Also steht die Angst schon wieder mal für Kälte, während die Liebe für die Wärme steht. In den folgenden Kapiteln werde ich diese Zahlen immer wieder aufgreifen, um ein besseres Verständnis zu schaffen, wenn es um das Thema Liebe oder Angst geht. Deshalb ist es wichtig, dass du das Folgende genau verstehst, denn du wirst es für die späteren Techniken und Methoden brauchen, wenn es darum geht sie oder ihn zu finden, zu erobern und zu behalten. Kälte und Wärme befinden sich auf demselben Thermometer. Angst und Liebe sind also nur die zwei entgegengesetzten Pole auf einer Gefühlsskala, sie sind untrennbar miteinander verbunden.

Das allerwichtigste dabei ist es, zu verstehen, dass es von dir abhängt, ob du eine Zehn sein willst oder nicht. Diese Zehn ist dein ideales Leben. Ich habe immer davon geträumt, ein Buch zu schreiben. Meine bisherigen Glaubenssätze sagten mir immer wieder: »Nein lass es, das ist ein Fehler«. Die Story in meinem Kopf war die, dass ich es sowieso nicht draufhabe, ein Buch zu schreiben. Wäre ich nun immer noch so daran gewöhnt, zu glauben, dass Angst etwas Schlechtes ist, würde ich es wohl gleich bleiben lassen. Weil ich aber inzwischen verstanden habe, dass ich diese Angst selbst ausgelöst habe, weiß ich, dass ich auf sie hören muss. Weil ich meine Glaubensmuster durchschaut habe, verstehe ich, dass alle Fehler, die ich beim Schreiben machen könnte, bloß Erfahrungen sind. Durch sie lerne ich, meinem Ziel, ein tolles Buch zu schreiben, näher zu kommen.

Der Weg zur wahren Liebe

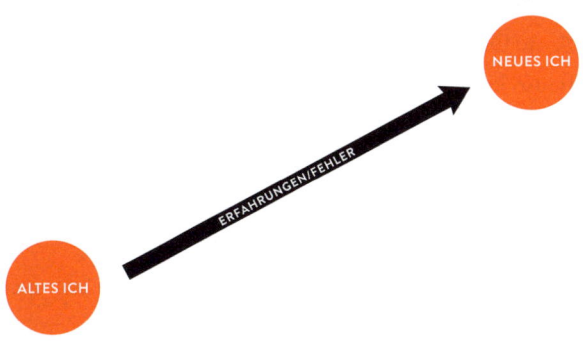

Das Einzige, was dein jetziges Ich von deinem Zukünftigen Ich trennt, sind also Erfahrungen. Hör auf deine Ängste zu verstecken, denn sie alle sind Erfahrungen und machen dich zu dem, was du bist. Zeige sie ruhig, denn das nennt sich Authentizität. Wen aus dem folgenden Beispiel findest du sympathischer? Stell dir vor jemand kommt auf dich zu und prahlt mit seiner Uhr und seinem Auto. Er ist zwar 1,90 Meter groß, hat genau die Haarfarbe, die du dir wünschst und riecht nach teurem Parfüm, doch er protzt ständig mit all seinem Besitz. Der zweite Mann, der auf dich zukommt, ist eher klein und körperlich unscheinbar. Er sieht ein bisschen zerfleddert aus, doch er kommt mit diesen Worten auf dich zu: »Hey, ich habe echt extreme Angst, dich anzusprechen, aber ich weiß, ich würde es mir nie verzeihen, wenn ich es nicht tun würde. Deshalb ist meine Frage an dich, wie geht es dir? Ich bin Isa.« Er streckt die Hand aus und ist ehrlich. Er tut, wovon er sagt, dass er es tut, und er ist wovon er behauptet, dass er es ist. Der erste Typ hat die ganze Zeit geprahlt. Du siehst, er unterdrückt seine Angst.

Wenn ich versuche, dich mit oberflächlichen Dingen zu beeindrucken, dann ist es oft, weil ich etwas zu verbergen habe. Ich bin also nicht das, wovon ich behaupte, dass ich es bin, und eben das spüren wir. Wenn jemand aus der Angst heraus spricht, dann fühlen wir es, denn jeder Mensch versprüht einen Vibe. Eine Energie, die ihn oder sie umgibt, eine Art Aura. Die Ausstrahlung. Mit Sicherheit kennst du das, wenn du in einen Raum kommst und das Gefühl hast, dass du gleich vom Druck erschlagen wirst. Wie in einem Wartezimmer beim Arzt zum Beispiel. Die meisten Menschen, die dort sitzen, verbreiten solch einen erdrückenden Vibe, dass man nicht anders kann, als krank zu werden. Wenn du jedoch auf einer Party bist, dann ist der Vibe ein völlig anderer. Er ist locker und einfach. Dieser Vibe kommt direkt aus dem State, in dem du dich befindest. Du strahlst mit deinem State, also deinem emotionalen, momentanen Zustand etwas aus. Je nachdem, was du ausstrahlst, Positives oder Negatives, ziehst du auch gute oder schlechte Stimmung an. Du kennst sicherlich den Spruch, Gleiches zieht Gleiches an.

Tatsächlich ist sehr viel Wahrheit an diesem Spruch. Wenn du also momentan auf einer Eins in der Skala von Eins bis Zehn bist, dann wirst du auch nur eine Eins in dein Leben ziehen. Solange dein State immer noch auf einer niedrigen Stufe ist, strahlst du wenig Liebe aus. Sei ehrlich? Würdest du dich auf so jemanden einlassen? Ich vermute, auch dir sind die Personen am sympathischsten, die Liebe und Wärme ausstrahlen. Der Weg zur wahren Liebe führt also erst einmal, wie wir festgestellt haben, über Selbsterkenntnis. Werde dir selbst bewusst. Stelle dich deinen Ängsten. Strahle aus, wer du bist. Finde zu positiver Energie, und du wirst ein Vielfaches an Wärme, Licht und Liebe zurückbekommen!

DAS MANGEL-MINDSET ÜBERWINDEN

An dieser Stelle möchte ich auf die größte Angst eingehen, die wir haben, wenn es ums Thema Liebe geht. Viele von uns tragen ein Mangel-Mindset mit sich herum. Nach dem Motto, es gibt nicht genug für jeden. Da draußen sind sieben Milliarden Menschen und dennoch behaupten wir, dass es nicht genug Möglichkeiten gibt, um den Richtigen oder die Richtige zu finden. Doch wie entsteht solch ein Mangel-Mindset eigentlich? Stell dir vor, du hast eine Dartscheibe vor dir, und du hast nur noch einen Wurf frei. Natürlich versuchst du, in die Mitte zu treffen. Analog zur Mitte ist der oder die Richtige in deinem Leben. Was denkst du, wie hoch wird der Druck für dich sein? Du musst die Mitte treffen, denn sonst verbringst du den Rest deines Lebens mit jemandem, den du nicht wirklich liebst. Der Druck wird enorm sein. Du wirst wahrscheinlich zittrige Hände haben oder vielleicht wirfst du gar nicht erst.

Exakt dasselbe ist es meistens mit unseren Beziehungen. Wir wünschen uns den oder die Richtige und glauben, dass es nur diese eine Person gibt, doch das stimmt nicht. Außerdem haben wir nach unseren modernen Beziehungsauffassungen ja nicht nur einen Wurf frei. Damit meine ich nicht, dass du alle vier Wochen jemand Neuen ausprobieren sollst. Lass dir Zeit. Liebe muss sich entwickeln. Viele glauben immer noch, dass die Liebe vom Himmel fallen oder einen wie der Blitz treffen soll. Aber wenn man es sich genau betrachtet, begibst du dich mit dieser Einstellung schon wieder auf den Angstpfad. Denn was ist, wenn niemand kommt? Dein ganzes Dasein wird von der Angst bestimmt sein, dass für dich sowieso niemand kommt.

Ich möchte dich ermutigen, lieber selbst aktiv zu werden. Habe keine Angst, mal daneben zu werfen und keinen Treffer zu landen. Wie gesagt, Fehler bringen dich nur weiter. Bevor du deinen Pfeil wirfst, konzentriere dich auf dich und auf das, was du wirklich willst. Viele haben eine so große Angst vor dem Alleinsein, dass sie den Pfeil einfach werfen. Lieber irgendwas treffen als gar nichts. Und dann landen wir in Beziehungen, die wir gar nicht wollen. Warum also etwas so Wichtiges dem Schicksal überlassen?

Würdest du dein Auto oder deine Bankkarte auch einfach jedem überlassen? Würdest du dein Unternehmen, das du selbst aufgebaut hast, einfach so jemand anderem überlassen? All das sind Dinge, die essenziell für dein Leben sind, ist es nicht so? Dein Auto hast du selbst besorgt, das Unternehmen hast du selbst aufgebaut, das Geld auf dem Konto hast du dir hart verdient, warum also glaubst du, dass es bei Beziehungen nicht so ist? In Beziehungen geht es nämlich genau darum: aktiv daran zu arbeiten.

Stell dir einmal vor, du hättest die Möglichkeit, heute Abend rauszugehen, ohne dass du dir Sorgen darum machen musst, ob du jemanden kennenlernst oder nicht. Stell dir vor, du vertraust so sehr auf deine Fähigkeiten der Überzeugung, dass du ganz genau weißt, dass du dich heute amüsieren wirst. Es ist, als hättest du viel mehr Würfe frei. Stell dir vor, du hättest unbegrenzt viele Würfe auf die Dartscheibe zur Verfügung. So ganz ohne Druck könntest du wohl total locker an die Sache rangehen. Sprühend vor positiver Energie würdest du viele neue Leute kennenlernen. So sehr beeinflusst die Story in deinem Kopf dein Verhalten und deine Ausstrahlung.

Viele sehr erfolgreiche Menschen waren früher arm. Immer wieder liest man über solche Überflieger, wie sie es geschafft haben. Und bei allen hört man die Aussage: »Ich wollte es einfach schaffen. Ich wusste, dass es in mir steckt.« Mit diesem Mindset wird man es sehr weit bringen im Leben.

Mit Beziehungen ist es ganz ähnlich. Wenn du tief in dir glaubst, dass du es nicht verdienst, geliebt zu werden, dann wirst du dich ständig selbst sabotieren. Sobald ein Mädchen Interesse an dir hat, zuckst du zusammen und spielst lieber abends an dir selbst herum, um deinem Selbstbild gerecht zu werden. Es wird Zeit für dich, die Story in deinem Kopf endlich zu ändern. Zu erkennen, dass es dieses Problem gibt und dass es sich nicht einfach von selbst beheben wird, ist dabei das Allerwichtigste. Der Rest ist dann gar nicht mehr so schwierig. Aber bevor wir dazu kommen, deinen State zu verändern, möchte ich noch mit ein paar Mythen über Beziehungen aufräumen. Dann kannst du die Wahrheit akzeptieren und endlich etwas ändern.

DIE DREI GRÖSSTEN BEZIEHUNGSIRRTÜMER

Irrtum #1: Ich bin endlich angekommen

Einer der größten Irrtümer ist der, dass die meisten glauben, sie wären angekommen, sobald sie in einer Beziehung sind. Häufig liegt dem der Glaube zugrunde: »So, jetzt brauche ich nichts mehr tun.« Das Mindset, das dahinterliegt, ist das einer Beziehung als Selbstläufer. Solange man auf der Suche nach einem festen Partner ist, ist in der Vorstellung jede Beziehung das pure Glück. Auch hier haben wir es wieder mit Angst zu tun. Die Angst, keinen Partner zu finden.

Die Wahrheit ist, je mehr man vorher schon an sich arbeitet, desto einfacher hat man es hinterher. Weil man weiß, dass jede Liebe und jedes Glück den Ursprung in dem *Selbst-bewusst-sein* hat. Wir müssen an uns arbeiten, egal ob mit oder ohne Partner, und das kontinuierlich unser ganzes Leben lang. Das ist der Gang der Dinge. Die Natur aller Dinge auf Erden ist es, zu wachsen und zu sterben. Sei dir deshalb unbedingt im Klaren darüber, dass es dir am Ende sehr wehtun könnte, wenn du nur eine Beziehung suchst, weil du Angst hast, allein zu sein. Denn dann kannst du auch nur bedingt tiefe Liebe geben. Viele, die nur aus dieser Angst heraus Partnerschaften eingehen, lassen sich nach und nach gehen, wenn endlich jemand an ihrer Seite ist.

Stell dir vor, du spielst in der Bundesliga und schaffst plötzlich den Aufstieg in die Champions-League. Würdest du dann auch auf einmal weniger trainieren? Ebenso ist es mit Liebesbeziehungen. Die Anfangsphase ist einfach: Die Gefühle sprudeln über, wir schweben auf Wolke sieben. Aber eine dauerhafte Beziehung ist wie die Champions-League. Hier kommen nur die weiter, die hart an sich arbeiten und alles geben. Es ist schwer, sich nach oben zu arbeiten, doch noch schwerer ist es, sich oben zu halten. Das kannst du jeden Boxer fragen, der bereits einen Weltmeistertitel gewonnen hat und ihn dann wieder abgeben musste. Deshalb sollte es dir bewusst sein, dass man in einer guten Beziehung stetig an sich und am Partner wachsen muss.

Irrtum #2: Es wird für immer halten

Auch das ist ein großer Irrtum, der in den Köpfen vieler Menschen herumschwirrt. Sie glauben, eine Beziehung muss für immer halten, doch so funktionieren Beziehungen nicht wirklich, das wirst du im Verlauf dieses Buches auch merken. Beziehungen sind immerhin immer von zwei Personen abhängig, das bedeutet, dass die Annahme, dass es für immer halten wird, in sich reine Spekulation ist, denn du weißt nie, was in dem Kopf der oder des anderen los ist. Tatsächlich passiert es oft, dass eine Beziehung aus dem Nichts beendet wird, ohne dass man irgendetwas geahnt hat. Dafür kann es viele Gründe geben. Vielleicht war zu viel oberflächliche Bestätigung und zu wenig echte Liebe im Spiel. Vielleicht hatte man doch zu unterschiedliche Interessen. Bei den meisten ist es allerdings ganz banal: Man hat sich einfach auseinandergelebt. Das ist nicht schlimm, denn wie wir bereits festgestellt haben, entwickeln sich Menschen stetig weiter. Und manchmal halt einfach nicht in dieselbe Richtung. Wichtig ist nur, dass man weiß: Es gibt keine Garantie dafür, dass eine Beziehung halten wird.

Traurig, magst du nun denken. Ich finde es gar nicht traurig, sondern befreiend. Es nimmt dir den Druck, permanent nach dem einen Richtigen oder der einen Richtigen zu suchen. Und wenn du bereits in einer Beziehung bist, spornt es dich erst recht an, die Liebe voll zu

leben und an ihr zu arbeiten. Begreife diese Tatsache als Chance, und sie wird dich befreien!

Irrtum #3: An meiner Eifersucht ist mein Partner schuld

Ich erlebe häufig, wie sich viele, die eigentlich in einer tollen Beziehung sind, den Kopf darüber zerbrechen, ob der Partner fremdgeht. Viele halten dies auch für wahre Liebe. Sie checken das Handy der Freundin oder des Freundes und überprüfen es auf verdächtige Nachrichten. Rufen zehnmal am Tag an, wollen ständig wissen, was der andere gerade macht.

Meiner Meinung nach ist das ein großer Irrtum. Wahre Liebe hat nichts mit Überwachung und Kontrolle zu tun, sondern mit Vertrauen und Freiheit. Wenn ich jemanden wirklich liebe und ein gesundes Selbstbewusstsein habe, so wird es mir nicht schwerfallen, den anderen sein Leben leben zu lassen. Je mehr Freiheit ich dem Partner schenke, desto lieber wird er Zeit mit mir verbringen und mich an seinen Erlebnissen teilhaben lassen. Misstrauen ist ein ganz großer Beziehungskiller.

Denk daran, was ich über die Storys in deinem Kopf geschrieben habe. Dies betrifft auch die Eifersucht. Sie findet in den meisten Fällen nur in deinem Kopf statt. Natürlich gibt es Frauen und Männer, die fremdgehen. Aber was bringt es, sich die ganze Zeit mit schlechten Gedanken zu quälen? Damit kann ich den Partner nicht vom Fremdgehen abhalten. Es ist deine Entscheidung, ob du in deinem Kopf die Geschichte erzählst, wie dein Partner mit jemand anderem im Bett liegt – und deine Beziehung auf Misstrauen aufbaust. Oder ob du dir darüber keine Gedanken machst – und dir eh sicher bist, die wichtigste Person für ihn oder sie zu sein. Übrigens geben in Umfragen die meisten Menschen an, dass Treue in der Beziehung für sie an erster Stelle steht. Den anderen geht es also genauso wie dir, du brauchst also nicht eifersüchtig zu sein!

LIEBESKUMMER

Ich weiß, dass es nicht einfach ist, die Eifersuchtsstory in deinem Kopf umzuschreiben. Noch schwieriger ist es, wenn ihr euch getrennt habt oder du aus anderen Gründen voll erwischt wirst vom Liebeskummer. Wenn du momentan das Gefühl hast, dass die Welt für dich untergeht, dann mach dir zunächst bewusst, dass auch das nur in deinem Kopf passiert. Klar, das ist einfacher gesagt als getan. Ich kenne mich gut aus mit Liebeskummer, und ich weiß, dass es die Hölle sein kann. Aber schau mal nach draußen: Geht die Welt gerade wirklich unter?

Liebeskummer ist ein emotionaler Zustand. Wir sehen die Welt immer durch die Linse unseres Mindsets. Alles ist eine Frage der Betrachtung, auch wenn es schwer ist. »Ich habe alles für sie getan, ich habe mein ganzes Leben für sie gegeben.« So oder so ähnlich hören sich die Aussagen derer meistens an, die gerade verletzt wurden. Oft ist genau das das Problem. Dass wir alles für den anderen tun. Und dabei oft uns selbst und unsere Bedürfnisse vergessen. Ich höre immer wieder, wie mir Menschen erzählen, dass sie bis ans Ende der Welt für jemanden gereist sind, nur um dann enttäuscht zu werden. Ein sehr guter Freund von mir ist sogar bis nach Nepal geflogen, nur um ihr seine Liebe zu zeigen. Was er dort jedoch gesehen hat, war eine Frau, die sich in Drogen verloren und bereits jemand Neuen gefunden hatte. Er ist Tausende Kilometer weit für eine Frau geflogen, die ihm gesagt hat, dass er sich verpissen soll. Ich behaupte nun, dass er, als er einfach drauflos geflogen ist, nicht auf sich gehört hat, er war sich nicht selbst-bewusst. Sondern er war getrieben von dem Gefühl des Liebeskummers. Wäre er achtsam mit sich selbst umgegangen, hätte er in Deutschland schon gespürt, dass die Beziehung vorbei ist. Und hey, sogar in Nepal gibt es Telefone, oder?

Versuche, das Ende einer Beziehung als Chance zu begreifen, als wichtigen Schritt auf dem Thermometer Richtung wahrer Liebe. Vielleicht ist dein Ex oder die Ex ein Mensch, der dir zeigen soll, was Liebe *nicht* ist. Vielleicht versucht dir das Leben auf ganz eigene Art und Weise beizubringen, dass du eben diesen Menschen *nicht* in deinem Leben haben solltest, wenn du wirklich glücklich sein willst. Das Leben bringt dir bei, woran du arbeiten und welche Richtung du eigentlich einschlagen solltest, um wirklich glücklich zu sein. Du machst also mit jedem Liebeskummer einen Schritt nach vorne, wenn es dir gelingt, daran zu wachsen. Es gibt keine Fehler, es gibt lediglich Erfahrungen, mehr nicht. Wenn du im Kampfsport bist, dann brichst du dir schon mal die Nase, die Rippen oder die Fäuste. Das alles passiert jedoch nur, wenn du unachtsam bist. Das alles sind Lektionen, die dir beibringen, dass du noch offene Stellen in deiner Deckung hast, es dir an Schnelligkeit fehlt oder dass du einfach nicht fokussiert genug warst, als es darauf ankam. Also ran an die Arbeit. Das ist die einzige Aussage, die es durch Schmerz zu verstehen gilt.

Was wir jedoch oft tun, ist, diesen Schmerz zu Leid zu machen. Stell dir vor, du brichst dir einen Knochen im Arm. Dieser Arm wird wieder verheilen, da kannst du dir sehr sicher sein. Würdest du ein Jahr später immer noch darüber jammern, dass du dir mal den Arm gebrochen hast? Das wäre unsinnig, oder? Das Gleiche ist es mit einem gebrochenen Herzen. Doch bei diesem Bruch tun wir uns oft viel mehr Schaden an als nötig. Wenn dein Arm bricht, dann musst du ihn so schnell wie möglich behandeln, damit er heilen kann. Was wir jedoch bei Liebeskummer machen, ist, immer wieder die Wunde zu öffnen, sobald sie ein wenig verheilt ist. Wir schauen uns Bilder an, hören die Musik, die wir immer mit dem anderen gehört haben, sprechen nur noch über das Thema der gescheiterten Beziehung. So kommen wir nie aus diesem Loch raus. Wir machen einen Schmerz, der lediglich Behandlung braucht, zu Leid, dass nicht aufhören will.

Dein gesamtes Nervensystem ist so ausgelegt, dass du dich sofort unglücklich machen kannst, wenn du es willst, und zwar mit der Macht deiner Gedanken. Dein Gehirn ist plastisch, das bedeutet, es verändert sich, wenn du es willst. Es ist nicht statisch oder fest. Was wir machen, indem wir immer wieder über den Schmerz nachdenken, der uns zugefügt wurde, ist, immer wieder auf denselben neuronalen Bahnen zu fahren. Stell dir das ungefähr so vor: Wenn du eine schmale Einbahnstraße hast, dann wird dort nur ein Auto durchfahren können. Wird es aber immer mehr Autos geben, die dort durchmüssen, dann wird die Stadt dafür sorgen, dass die Straße verbreitert wird, sodass wir nun zwei Spuren haben. Kommen aber noch mehr Autos durch die Straße, wird man irgendwann eine Autobahn bauen müssen. Nun können die Autos dort sogar mit 200 km/h auf fünf verschiedenen Spuren durchdüsen. Mit unseren Gedanken ist es genauso. Je öfter du etwas denkst, desto breiter wird die neuronale Spur und desto einfacher können die elektrischen Signale von A nach B kommen. Wenn du jedes Mal an den Schmerz deiner vergangenen Liebe denkst, dann fällt es deinem neuroplastischen Gehirn immer leichter, diesen Gedanken zu denken. Das führt dazu, dass diese Gedanken irgendwann zu Gefühl werden.

Ich stelle mir immer vor: Eintausend Gedanken werden zu einer Emotion. Weitere eintausend Gedanken werden zu einer weiteren Emotion. Das Ganze geht immer so weiter, bis du einhundert Emotionen hast, die dann deine ganz persönliche Gefühlsautobahn bilden. Dein Gefühl ist das, was du im Kopf verinnerlicht hast. Eine Emotion dauert vielleicht gerade mal zwei Minuten und geht dann wieder. Es ist ein Impuls, aber ein Gefühl ist ein Grundzustand. Und der dauerhafte Gefühlszustand beeinflusst wesentlich, wie wir auf die Welt zugehen. Nach und nach wird dieser Gefühlszustand zu deinem Charakter. Und der lässt sich schwer ändern.

Natürlich will ich mit all dem nicht sagen, dass du selbst schuld bist an deinem Liebesschmerz. Du bist heftig zurückgewiesen worden. Dass das wehtut, ist klar, du bist ja kein Eisblock. Ich will damit nur sagen, es liegt in deiner Hand, wie du mit dem Schmerz umgehst. Was also kannst du tun, um das Ganze in Zukunft zu vermeiden und nicht wieder in dieses Chaos zu geraten?

EMOTIONALE HEILUNG

Alles in allem gibt es vier verschiedene Formen, in denen sich der Liebesschmerz ausdrücken kann, die da wären:

Anhaltender innerer Schmerz

Stell dir vor, du sitzt in einem Wartezimmer, in dem mehrere Menschen mit einem Ball spielen. Sie passen den Ball auch zu dir. Das geht einige Zeit so weiter, bis sie irgendwann aufhören, dir den Ball zuzupassen. Inzwischen werfen sie den Ball nur noch unter sich hin und her. Zahlreiche Studien haben bewiesen, dass wir, auch wenn es nur um einen albernen Ball geht, eine emotionale Reaktion schaffen, weil unser evolutionäres Hirn davon ausgeht, dass wir in Gefahr sind. Wenn sich Freunde hinter deinem Rücken treffen, wenn du aus dem Job geworfen wirst oder dich jemand verlässt: Jede dieser Situationen fühlt sich an wie ein Schlag in den Bauch oder ein Stich in die Brust.

Dieser Schmerz kann manchmal auch länger anhalten, je nachdem wie sehr wir uns bereits mit den anderen Menschen verbunden haben. Sogar als das Szenario mit dem Ball am Computer simuliert wurde, gab es eine emotionale Reaktion, obwohl sich die Teilnehmer in der Realität gar nicht kennengelernt hatten. Es zeigt auch, dass unsere Emotionen unseren logischen Verstand ausschalten können. Wenn du rational denkst, dann weißt du ganz genau, dass es Unsinn ist, bei einem Computerspiel ausgeschlossen zu werden. Es hat keinerlei negativen Effekt auf das Leben, dennoch wird man emotional. Durch diese Emotionen fällt man in den Zustand des Mangels. Die Linse, durch die wir schauen, ist nun dunkel gefärbt. Der Verstand ist ausgeschaltet. Ein klares Bei-

spiel dafür ist mein guter Freund, der sogar nach Nepal geflogen ist, um dort seine Ex-Freundin zu treffen. Seine Erwartung war, dass seine Verflossene dies als starke Geste auffassen würde, dabei war es schlichtweg nicht notwendig.

Wut und Aggression

Manche spüren bei Ablehnung oder Verlassenwerden weniger Schmerz sondern Wut. Diese Wut zielt auf denjenigen, der die Ablehnung verursacht hat. Wie aber entsteht diese Wut? Schmerz richtet sich gegen uns selbst, Aggression in dem Fall gegen den anderen. Wir haben große Erwartungen in unseren Partner gesetzt, diese hat er nun enttäuscht. Nun verabscheuen wir diesen Menschen, frei nach dem Motto: »So etwas Undankbares habe ich noch nie gesehen! Ich habe alles für diesen Menschen getan, und das ist es, was ich zurückkriege!« Der große Fehler hier war, zu glauben, dass wir etwas zurückkriegen müssen, wenn wir etwas geben. Die berüchtigten Erwartungen, die unser Leben so oft so schwer machen. Wahre Liebe kennt nämlich kein »Ich will etwas zurückhaben, für das, was ich gebe«. Wenn man das versteht, dann befindet man sich ganz klar in einem Zustand der Fülle. Wenn man gibt, weil man nur auf der Jagd nach Bestätigung ist, wird man zwangsläufig enttäuscht werden. Wenn man darauf wartet, von anderen zu hören, dass man ein guter Mensch ist, dann kann man lange warten. Und dann wird man langsam passiv-aggressiv. Wir fangen an nachzudenken: »Warum denkt er nicht einmal daran, mir was zu schenken? Weiß er nicht, wie oft ich was für ihn getan habe? Warum springt sie nicht mit mir ins Bett? Wozu habe ich ihr denn letztens erst diese Kette gekauft?«

All das sind überzogene Erwartungen, wenn du eine harmonische und glückliche Beziehung führen willst. Verlieren wir uns in diesen Erwartungen, entsteht ein passiv-aggressiver Druck, den unsere Partner spüren. Die Beziehung wird geschwächt, wir entfernen uns voneinander. Und irgendwann kommt der Moment, in dem die Aggressionen ans Tageslicht kommen und sich die Wut Bahn bricht.

Verletzung des Selbstwerts

Es ist eher selten der Fall, dass mit dir etwas nicht stimmt. Oft werden wir abgelehnt, weil wir gerade den Bedürfnissen des anderen nicht entsprechen. Wenn der Chef dich nicht befördert, liegt es wahrscheinlich weniger an deiner Arbeit als daran, dass ein anderer einfach besser auf die Position passt. Wenn dein Freund das Wochenende nicht mit dir verbringt, muss nicht gleich eine Krise dahinterstecken. Vielleicht will er einfach mal wieder mit seinen Kumpels abhängen. Deswegen solltest du, wenn du abgelehnt oder ausgeschlossen wirst, nicht gleich in Selbstmitleid versinken. Sondern darüber nachdenken, warum die Situation jetzt so ist, und ob dein Verhalten überhaupt etwas damit zu tun hat.

Was ich damit sagen will: Nimm nicht alles, was dir widerfährt, persönlich. Du wirst schnell feststellen, dass du vieles gar nicht beeinflussen kannst, und dass viele Dinge an den anderen liegen. Vielleicht sucht dein Chef schon lange jemanden, der Spanisch spricht – und du kannst eben kein Spanisch. Vielleicht hat dein Freund in den letzten Monaten jedes Wochenende mit dir verbracht und möchte jetzt seine Freundschaften wiederaufleben lassen.

Selbstverständlich bringt es immer was, zu schauen, was man besser machen kann. Vielleicht musst du in der Arbeit noch etwas zulegen, dann könntest du deinen Chef bei der nächsten Beförderungsrunde überzeugen. Tue es aber für dich und nicht für ihn! Wenn du keine Lust hast, Spanisch zu lernen, wird es auch nichts bringen. Was du niemals machen darfst, ist, dich runterzumachen dafür, wer du momentan bist. Du bist völlig in Ordnung, so wie du bist, denn das bist du eben. Trotzdem kannst du natürlich immer an dir wachsen. Dies erreichst du aber nicht, indem du dich runtermachst, sondern indem du Alternativen findest. Das geschieht durch trial and error. Also probieren, scheitern, lernen, verbessern. Alles andere ist Unsinn.

Dennoch machen wir es uns oft zum Hobby, alles zu analysieren, was wir falsch gemacht haben könnten. Wir kommen in die Paralyse durch zu viel Analyse. Deshalb ist es so wichtig, seinen Fokus immer darauf zu richten, was du in diesem Moment machen kannst, um noch besser zu werden, anstatt nur darauf zu achten, was genau an dir schlecht ist. Alles, was passiert, ist gut so, wie es ist, weil es lediglich eine Erfahrung auf deinem Weg ist. Also hör auf, zu grübeln: »Lag es daran, dass ich zu früh gegangen bin? Habe ich etwas Falsches zu meinem Chef gesagt? Ist es, weil ich ein unpassendes Hemd getragen habe?« All das sind in den wenigsten Fällen die Gründe, und außerdem ist es schon vorbei. Du könntest es eh nicht mehr ändern. Deine Aufgabe ist es, zu sehen, wo du gerade wirklich stehst, und nicht alles schlechter zu machen, als es ist. Auch nicht alles besser zu reden, als es ist, sondern schlichtweg, nüchtern zu erkennen, wo du gerade stehst und wie du es noch besser machen kannst.

Verletzung des Zugehörigkeitsgefühls

Es ist überlebenswichtig, dass wir zu sozialen Gruppen dazugehören. Deshalb kann unser Zugehörigkeitsgefühl auch recht häufig und heftig verletzt werden. Sobald wir von Menschen umgeben sind, die uns das Gefühl geben, dass wir nicht willkommen sind, wird unser Leben zu einer sich selbst erfüllenden Prophezeiung. Je häufiger wir dieses Gefühl bekommen, desto mehr glauben wir irgendwann daran, dass wir nicht dazugehören dürfen. Vielleicht haben die anderen recht? Vielleicht bin ich komisch? Irgendwann sind wir davon überzeugt, dass wir nicht liebenswert sind. Wir beginnen, uns sozusagen selbst immer mehr auszuschließen. Freunde treffen sich hinter unserem Rücken, weil sie wirklich ein Problem mit uns haben. Mitarbeiter tuscheln über uns, weil sie uns wirklich nicht leiden können. All diese Szenarien gibt es natürlich auch. Wenn man dann jedoch nichts dagegen unternimmt, breitet sich dieses unangenehme Gefühl wie ein Virus in uns aus. Deshalb ist es wichtig so einige Techniken zu kennen, um dagegen angehen zu können.

Lösung I

Argumentiere mit der selbstkritischen Stimme in dir. Schreibe dir alle kritischen Aussagen gegen dich selbst auf einen Zettel.
Zum Beispiel:

- Sie mag mich nicht wegen meiner Glatze.
- Er mag mich nicht, weil ich nicht hübsch genug bin
- ...

Widerlege diese kritischen Aussagen
Zum Beispiel:

- Vielleicht hatte der Typ, mit dem sie vorher was hatte, eine Glatze und er hat sie unfassbar schlecht behandelt.
- Ich bin so, wie ich bin. Außerdem sagen mir alle, dass ich tolle Haare habe.
- ...

Jedes Mal, wenn die selbstkritischen Gedanken im Kopf überhand nehmen, denke an die Widerlegungen!

Lösung II

Erinnere dich an deinen Selbstwert:

1. Schreibe eine Liste mit fünf Eigenschaften, die du besonders an dir magst.
2. Ordne diese Werte nach Wichtigkeit an (von 1 – 5).
3. Wähle die drei ersten Werte und schreibe in ein paar Sätzen darüber:
   - Warum ist dieser Wert dir so wichtig?
   - Wie beeinflusst dieser Wert dein Leben?
   - Warum ist dieser Wert so ein wichtiger Bestandteil deines Selbstbildes?

Mache dir klar, dass die Eigenschaften, die du besonders schätzt, eben nicht zu dem Menschen gepasst haben, der dich abgelehnt hat. Das ist völlig in Ordnung, wenn du dir darüber im Klaren bist, dass du automatisch leiden wirst, wenn deine Werte nicht in dein Umfeld passen. Wähle ein neues Umfeld, welches auch zu dir passt.

Lösung III

Tanke das Gefühl von sozialer Verbundenheit wieder auf:

- Schaue dir Videos oder Fotos von Menschen an, die du liebst (nicht die, die dich abgelehnt haben!).
- Verbringe Zeit mit Menschen, die dich lieben.

DAS INTEGRIERTE SYSTEM

Der Mensch trägt in sich ein integriertes System, das folgenden fünf Kriterien folgt: Ziele, Glaubenssätze, Werte, Worte und Aktionen. Dieses System versucht, alles so gut wie möglich in Einklang zu bringen. Stell dir vor, du hast das Ziel, eine erfolgreiche Musikerin zu werden. Doch plötzlich verbietet dein Freund es dir, weil er sonst nicht mehr mit dir zusammen sein will. Entscheidest du dich für die Beziehung und gegen die Musikerkarriere, muss sich ein integraler Teil von dir wieder neu formieren. In diesem Fall das Ziel. Während du vorher noch einen Wert hattest, der dir sagte »Folge deinen Träumen!«, ist es jetzt vielleicht »Die Beziehung geht vor«. Dadurch muss sich das ganze System neu einstellen.

Dein inneres System gerät also aus dem Gleichschritt. Einzelne Werte werden sich vielleicht sogar widersprechen. Während die Glaubenssätze »Folge immer deinen Träumen!« und »Ich kann das schaffen.« immer fest in dir verankert waren, werden sie nun gestört. Manche schaffen es, sich und ihre Werte schnell neu auszurichten. Es ist aber eher wahrscheinlich, dass dein inneres System ins Chaos gestürzt wird. Deine Energie kann nicht mehr richtig fließen, und du gerätst in Disharmonie. Ironischerweise wird dein Freund irgendwann diese Disharmonie spüren, eure Beziehung gerät ins Wanken. So gut gemeint deine Absicht auch war, weil du dein Ich und deine Bedürfnisse zurückgestellt hast, gibt es nun auch Disharmonie in eurer Beziehung.

Erst neulich stand ich in einer Einkaufshalle und habe mich mit einer Frau unterhalten, die ich mal im Taxi gefahren habe. Sie hatte den großen Traum, einmal Mode-Designerin zu werden. Das Talent hatte sie ebenfalls. Leider nur hat sie es sein lassen, weil ihr damaliger Partner sie dazu genötigt hat. Irgendwann hat er sie verlassen. Ich behaupte, ich bin gut darin, Wunden oder Schmerzpunkte zu finden, um sie dann zu heilen. Genau wie ein Arzt diagnostiziere ich oft bei Bekannten oder Freunden einen Schmerz. Oft schütten mir andere Menschen regelrecht ihr Herz aus. Bei der Frau im Einkaufszentrum war es genauso. Nach nur ein paar Sätzen über ihre Träume als Mode-Designerin ist sie in Tränen ausgebrochen und hat mir alles erzählt.

Es tat ihr gut, darüber zu sprechen, und meine Theorie vom integrierten System half ihr, das Vergangene zu analysieren. Ich konnte ihr zeigen, wie wichtig es ist, zu wissen, wer man selbst ist. Du musst die Storys verstehen, die in deinem Kopf ablaufen, denn dann kannst du sie gezielt umschreiben. Bis hierher habe ich dir Methoden an die Hand gegeben, wie du den Schmerz loswirst. Nun lass uns damit anfangen, dein neues Ich zu festigen, indem du die Macht der State-Kontrolle in die Hände bekommst. Es geht nun darum, die Quelle des Mangels in Fülle umzuwandeln.

PART II

DER STATE

»Sein oder nicht sein«, sagt Hamlet im gleichnamigen Stück von Shakespeare. Dein State ist eben genau das. Das letzte Stück des Selbstbewusstseins. Wer bist du jetzt? Welche Energie und somit Ausstrahlung hast du jetzt in diesem Moment? Mit hoher Wahrscheinlichkeit hattest du neben all den schwierigen Momenten im Leben auch Zeiten, wo du in komplettem Einklang warst, nicht wahr? Zumindest hoffe ich das, denn wenn nicht, dann wäre das ein ziemliches Trauerspiel. Was jedoch macht diese Momente eben zu den Momenten, die so harmonisch sind?

Das Wort State bedeutet Zustand. Dein momentaner Zustand ist das magische Instrument, mit dem du genau das in dein Leben ziehst, was du ausstrahlst. Sicherlich hast du bereits so einige Menschen getroffen und bemerkt, wie unterschiedlich ihre Ausstrahlungen sind. Manche haben eine Energie, die dich traurig werden lässt, andere wiederum machen dich nervös, während einige dich einfach glücklich werden lassen und zum Lachen bringen. Was wäre, wenn du diesen State selbst bestimmen könntest? Ein großes Geheimnis, das ich dir nämlich bereits vorab verraten habe, ist, dass du zuerst das sein musst, was du in dein Leben ziehen willst. Es ist deine Ausstrahlung, die wie eine Welle in die Außenwelt gespült wird, und mit all dem Treibgut zurückkommt, das deinem State entspricht.

Die Story bestimmt deinen State, deswegen habe ich dir im ersten Teil erklärt, wie du negativen Storys ausweichen kannst. Deine Story bezieht sich mehr auf deine Identität, während dein State dein momentaner gefühlsmäßiger Zustand ist. Er ist die Quelle, aus der dein Vibe herausströmt. Wenn du zum Beispiel in jemanden verliebt bist und Schmetterlinge im Bauch hast, dann bist du in einem unglaublich befriedigenden State. Durch diese rosarote Brille sieht die Welt wie ein wundervoller Ort mit Tausenden von Überraschungen und Abenteuern aus. Sobald du aber einen Korb bekommst, kann sich dein State innerhalb von Sekunden in einen tiefen Abgrund verwandeln. Die rosarote

Brille färbt sich schwarz. Plötzlich kann dich nichts mehr glücklich stimmen, ganz egal wie großartig es auch sein mag.

Es gibt drei Dinge zu erkennen und zu ändern: Story, State und Strategie. Selbst, bewusst und Sein. Wenn ich dich also fragen würde, wer du eigentlich bist, dann würdest du mir wahrscheinlich Name, Alter, Beruf und Adresse herunterrattern. Das jedoch ist lediglich eine Geschichte, eine Story, ein erfundenes Selbst, das du dir geschaffen hast. Dieses Selbst hat eine Idee von sich selbst. Schule, Studium, Arbeit, Hochzeit, Tod. In diesem Selbst fehlt allerdings eine ganz wichtige Sache, die dir nicht bewusst ist. Die Strategie, um ein glückliches Leben zu führen. Inzwischen jedoch sollte dir aber klar sein, dass da mehr dazugehört, als einfach nur dazusitzen und zuzuschauen, wie andere glücklich sind, während du den Kürzeren ziehst. Der letzte Schritt ist dann dein Sein. Was strahlst du aus? In welchem State bist du die meiste Zeit, und wie kannst du diesen Zustand nach deinem Willen beeinflussen? Ich denke, wir sollten dem Ganzen einmal auf den Grund gehen, denn wenn du dir erst einmal über diese drei Dinge im Klaren bist, dann wirst du wahres Selbstbewusstsein aufgebaut haben. Um andere zu verstehen, musst du nämlich zuerst dich verstehen.

Und anschließend geht es natürlich darum, den richtigen Menschen in dein Leben zu ziehen und die wahre Liebe zu finden. Es ist theoretisch ganz simpel. Zwei Menschen, die bereits ein für sich erfülltes Leben führen und nun den Weg gemeinsam gehen möchten. Die ideale Beziehung zu anderen Menschen hat den Ausgangspunkt in deinem idealen Selbst. Theoretisch bist du auf all die Liebe da draußen nicht angewiesen, weil du nicht ständig Bestätigung brauchst. Du hast bereits die Cremetorte. Eine Beziehung zu einem anderen Menschen ist lediglich die Kirsche obendrauf. Du musst nicht mit diesem Menschen zusammen sein, weil du eigentlich Angst hast, dass du allein sterben könntest und deshalb jemanden an deiner Seite haben willst. Du musst nicht, nein du willst.

Du hast so viel Fülle in dir, dass du jemand anderem ganz viel davon abgeben kannst, weil es zu schade wäre, all das allein zu erfahren. Du weißt ganz genau, dass du auch allein glücklich sein könntest, doch gemeinsam ist es sicherlich noch schöner. Deshalb suchst du jemanden, den du in seinem Leben unterstützen kannst, indem du Tag für Tag an dir selbst wächst, genauso wie dein Partner oder deine Partnerin jeden Tag an sich selbst wächst. Ihr seid wie eine Spirale, die sich unaufhaltbar nach oben dreht und sich dabei permanent synchronisiert. Wenn das Ganze in die Brüche geht, dann ist das auch vollkommen okay, denn ihr habt beide von der Beziehung profitiert, da ihr euch nicht heruntergezogen habt, sondern gemeinsam gewachsen seid, so oder so. Das ist die ideale Beziehung. Doch all das ist lediglich die Theorie. In der Praxis sieht es meist anders aus, da wir noch viele Dinge in uns verborgen haben, die sehr tief schlummern und noch nicht verarbeitet wurden.

Eben diese Dinge gilt es, zu entdecken, denn sie entscheiden darüber, ob du Mangel oder Fülle in dir trägst. Eine von diesen beiden Seiten wird immer über dein Leben bestimmen. Es ist immer die Botschaft hinter der Botschaft, die wirklich zählt. Vielleicht glaubst du, dass man nur ganz viel miteinander reden müsste, um deine Beziehung erfolgreich zu gestalten, doch das ist absoluter Unsinn. Unsere Worte machen gerade mal 7% unserer Kommunikation aus. 38% unserer Botschaft werden über die Stimmlage und sogar 55% über Körpersprache und Mimik transportiert. Das Geheimnis liegt also nicht in der Botschaft, sondern in der Botschaft dahinter. Warum sagst du, was du sagst? Ist es, weil du ein Mangeldenken hast oder weil du aus der Fülle heraus geben willst? Warum willst du eine Frau in deinem Leben? Weil du Angst hast, allein zu sein oder weil du dein unfassbar geiles Leben mit jemandem teilen willst?

Wenn du zu den Ersteren gehörst, dann ist es schwer, dies zuzugeben, weil wir bis heute gelernt haben, dass wir keine Angst haben und keine Fehler machen dürfen. Doch das ist der erste Schritt zur Besserung. Sei ehrlich zu dir selbst. Fang an, die Verantwortung für deine Wünsche und Träume zu übernehmen. Gib die Hoffnung ab, und hole dir deine Macht zurück, denn sie ist das Fundament und die Basis für ein völlig neues Leben. Der beste Weg also, um ein neues Leben zu beginnen, ist, nie mehr mit dem Finger auf andere zu zeigen und zu sagen, dass sie daran schuld sind, dass du so bist, wie du jetzt bist. Wenn du nämlich mit deinem Finger auf andere zeigst, sei dir immer bewusst, dass gleichzeitig drei davon auf dich zeigen.

Sobald du dich entschieden hast, die Macht zurückzuerlangen, kannst du beginnen, deine Quelle zu reinigen. Diese Quelle ist entweder mit Mangel oder mit Fülle behaftet. Sie ist der Ausgangspunkt für alle Dinge, die du tust oder sagst, und entscheidet über dein gesamtes Leben. Sie ist dein *State*. Dein jetziger Zustand. Dieser Zustand kann von einer Sekunde auf die andere umspringen, je nachdem wie viele unverarbeitete Dinge in dir verborgen sind. Um das Ganze ein wenig besser zu verstehen, lass mich ein bisschen ausholen und dir erklären, wie du zu wahrer Fülle in deinem Leben kommst. Wie du einen unfassbaren State erschaffst. Eine Quelle, die so gut wie jeden in den Bann ziehen kann.

STATE-KONTROLLE

Wer seinen State kontrollieren kann, der kontrolliert sein ganzes Leben. Dieser State liegt auf einer recht verborgenen Ebene unseres Selbst. Der Chirurg Maxwell Maltz hat ein Buch mit dem Titel *Psycho-Cybernetics* geschrieben, in dem er darüber berichtet, wie er seine Patienten in der Chirurgie behandelte, diese aber dennoch unzufrieden waren, weil sie der Meinung waren, dass sich nichts verändert habe. Es ist ein Phänomen, das man immer wieder sieht. Ein Beispiel dafür sind die Muskelprotze, die jeden Tag vor dem Spiegel stehen und immer noch glauben, dass sie zu dünn sind, oder die Models, die sich jeden Tag übergeben und trotzdem glauben, nicht dünn genug zu sein. Jeder, der normal gebaut ist, würde nur den Kopf schütteln. Genauso war es bei den Patienten von Maxwell Maltz. Er behandelte verschiedene Menschen durch chirurgische Eingriffe im Gesicht. Diese Patienten jedoch kamen oft wieder und behaupteten, dass sich nichts verändert habe, obwohl die Veränderungen klar erkennbar waren. Woran liegt das?

Maltz stellte sich diese Frage natürlich auch und befasste sich von da an intensiv mit dem menschlichen Gehirn. Das Geheimnis liegt in unserem Selbstbild. Die Welt da draußen ist nämlich nicht so, wie sie wirklich ist, sondern so, wie wir sie wahrnehmen. Deshalb heißt es ja *Wahr-nehmung*. Wahrheit ist etwas völlig Subjektives. Es ist etwas, das mit dir anfängt. Jeder von uns trägt ein Paradigma in sich, eine Art Linse, durch die er die Welt sieht. Die zwei wichtigsten Paradigmen sind für mich Mangel und Fülle. Die logische Schlussfolgerung daraus ist, dass wir unser Selbstbild verändern müssen, um die Realität zu verändern – beziehungsweise das Bild, das wir von der Wirklichkeit haben. Die State-Kontrolle ist nichts anderes als die Fähigkeit, dein Selbstbild so zu formen, wie du es willst. Sobald du diese Fähigkeit hast, kannst du jede Ausstrahlung in deinem Leben kreieren, die du willst.

Beispiele für States wären:

- fokussiert
- melancholisch
- inspiriert
- erfüllt
- liebevoll
- gütig und dankbar
- charmant

Ganz egal, ob es die Arbeit, den Sport oder die Beziehung betrifft: Du solltest verstehen, dass du in deinem Geist viele verschiedene Fraktionen hast, die nicht zusammenarbeiten wollen. Das ist der Grund, warum es oft zu Störungen in deiner Energie und somit zu Ängsten kommt:

- Verstand vs. Intuition
- neue vs. alte Hirnhälfte
- linke vs. rechte Hirnhälfte

Dein State ist nichts anderes als Energie, die fließen will. Ängste allerdings können eine Mauer aufbauen, durch die deine Energie nicht mehr durchkommt. Deshalb muss man lernen, die Mauer der Angst zu durchbrechen. Erst dann kann deine Energie wieder vernünftig fließen, und du bist im Reinen mit dir.

VERSTAND VS. INTUITION

Das größte Problem liegt darin, dass dein Verstand und deine Intuition andauernd miteinander konkurrieren. Was aber ist die Intuition genau? Vielleicht kennst du bereits die Eisberg-Metapher. Die Spitze eines Eisbergs, die aus dem Wasser ragt, macht lediglich 5% der gesamten Masse des Eisberges aus; 95% davon befinden sich unter Wasser. Genauso verhält es sich im Gehirn: Das Bewusstsein macht ca. 5% deines Ichs aus. Weitere 95% jedoch schlummern in deinem Unterbewusstsein und sind dir nicht bewusst, wie der Name schon sagt. Tief in deinem Gehirn befindet sich eine unglaubliche Menge an Einstellungen und Überzeugungen, ohne dass sie dir bewusst wären. Diese 95% bestimmen also beinahe dein gesamtes Leben. Wenn du tief im Unterbewusstsein glaubst, dass du es nicht wert bist, geliebt zu werden, dann wird sich das in deiner Körpersprache ausdrücken, und du wirst einen gewissen abweisenden Vibe ausstrahlen. Diese Energie können alle anderen Menschen wahrnehmen.

Die Eisberg-Metapher

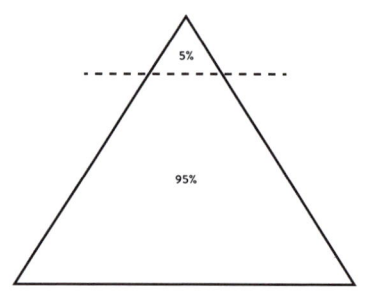

5% sind Verstand, 95% das Unterbewusste

Du solltest dir allerdings im Klaren darüber sein, dass du anderen Menschen nichts vormachen kannst. Es lohnt sich nicht, Selbstbewusstsein zu spielen, wenn du es tief im Inneren nicht wirklich bist. Es wird vielleicht eine Zeit lang funktionieren, und du kannst damit ein paar Leute um den Finger wickeln, aber wenn du das Ganze nicht in deinem Unterbewusstsein verankerst, dann werden die Ängste schnell wieder hochkommen. Das ist eben der Grund, warum es Ängste gibt. Sie signalisieren dir, wie bereits beschrieben, dass dein Verstand und deine Intuition nicht zusammenarbeiten. Deine Intuition ist dein State. Es ist das Navi, das dich zu deinen Zielen führen will. Sagen wir mal, du hast entschieden, demnächst deine Traumfrau kennen zu lernen. Dann wird deine Intuition dir sagen, du solltest mehr Frauen ansprechen. Dein Verstand jedoch möchte dich bremsen, er sagt dir, die anderen könnten über dich lachen. Nun wird Angst in dir hochkommen, um dir zu signalisieren, dass Verstand und Intuition sich nicht decken. Was nun als Nächstes passieren wird, hängt einzig und allein von deiner Entscheidung ab. Verleugnest du das Signal der Angst, um auf deinen Verstand zu hören, oder akzeptierst du die Angst und fängst an, mehr Frauen anzusprechen? Noch bevor es deine Intuition gab, hast du nämlich eine noch viel wichtigere Entscheidung getroffen, und zwar, dass du die Frau deines Lebens willst.

Um deinen Verstand auf Vordermann zu bringen, musst du ihm gute Gründe geben, warum er deiner Intuition folgen soll. Damit kommen wir zu einem weiteren Teil deines Gehirns, und zwar neu vs. alt.

NEUES VS. ALTES GEHIRN

Es wird vielleicht eine kleine Überraschung für dich sein, aber es ist eine faszinierende Tatsache, dass du nicht nur ein Gehirn hast. Tatsächlich hast du nämlich drei Gehirne – oder drei Altersstufen in deinem Gehirn. Diese drei Gehirne haben sich im Laufe der Evolution entwickelt. Der älteste Teil des Gehirns befindet sich ganz hinten. Es handelt sich um das primitive Reptilienhirn, das vor allem unsere Vorfahren damals in der Steinzeit intensiv genutzt haben. Dort werden vor allem Schmerz und Belohnung verarbeitet, eben das womit du deinen Verstand umerziehen sollst.

Daneben gibt es noch das limbische System. Mit der Zeit haben unsere Vorfahren gelernt, miteinander zu kommunizieren. Erst einmal nicht mit Worten, sondern mit Gefühlen wie Angst oder Freude. Wie man heute weiß, ging damit eine erhöhte Überlebenschance einher. Das limbische System generiert den Vibe, von dem ich immer spreche. Du kennst das sicherlich: Wenn du dich längere Zeit mit einer nervösen Person im Raum aufhältst, wirst du irgendwann auch nervös werden. Wie gesagt: Wir Menschen sind soziale Wesen, doch die meiste Zeit sind wir uns dessen gar nicht bewusst und reagieren einfach nur auf die Emotionen der anderen. Ich plädiere dafür, nicht einfach zu reagieren, sondern zu agieren. Wir selbst sollten unsere Emotionen weitestgehend kontrollieren können. Das ist die sogenannte State-Kontrolle, von der ich schon gesprochen habe.

Der dritte Teil des Gehirns hat sich als Letztes herausgebildet, es ist das, was wir meist als den Verstand bezeichnen. Wir können uns über gewisse Dinge bewusst werden, statt unseren Instinkten ausgeliefert zu sein. Wir können theoretische Ideen und Konzepte entwickeln wie zum Beispiel das Konzept der Zeit. Wir sind nicht einfach dem Lauf der Dinge ausgeliefert, sondern können uns reflektieren und zielgerichtet agieren. Tiere zum Beispiel greifen auf das Reptilienhirn zurück und reagieren deshalb auf Schmerz oder Belohnung. Wenn eine Gazelle einen Löwen sieht, dann denkt sie nicht erst darüber nach, ob sie weglaufen soll, sie tut es einfach. Wir Menschen aber haben längst Mittel und Wege gefunden, wie wir der tödlichen Gefahr der Löwen entkommen. Zum Beispiel in dem wir eine Mauer bauen oder ein Gewehr mitnehmen. Dazu formen wir zuerst eine Idee in unserem Geist und setzen diese dann um. Nach und nach wird diese Idee somit zu fester Materie.

LINKE VS. RECHTE HIRNHÄLFTE

Eine recht bekannte Einteilung des Gehirns ist diejenige in linke und rechte Gehirnhälfte. Davon hast du bestimmt schon gehört. Man geht davon aus, dass in der linken Hälfte analytisch-logische Prozesse verarbeitet werden, während die rechte Hälfte für den emotional-kreativen Bereich zuständig sein soll. Ich behaupte, es gibt Menschen, die mehr zur linken Seite tendieren und sehr strukturiert sind; und Menschen, die sich ganz in einer kreativen Aufgabe verlieren können und mehr zur rechten Seite tendieren. Was nicht heißen soll, dass nicht alle Menschen beide Areale nutzen und brauchen. Je mehr man beide Gehirnhälften trainiert und anspricht, desto mehr im Einklang mit sich selbst wird man sein. Wenn wir beide Seiten in Einklang bringen, können wir in den *Flow-Zustand* gelangen. Oder auch *Flow-State*, den viele als sehr erfüllend bezeichnen.

Wenn du also deine Traumfrau oder deinen Traummann suchst, dann braucht das linke und logische Gehirn erst einmal klare Anweisungen. Dann wäre Traummann oder Traumfrau bereits zu undeutlich, also legen wir uns jetzt einmal auf den Mann fest. Du hast nun definiert, was du willst. Einen Mann, der groß ist, schlank, erfolgreich und gesund. Als Nächstes folgt der Plan oder die Strategie. Hier wird die linke Gehirnhälfte tätig. Wie willst du vorgehen? Du liest jeden Tag drei Seiten im Beziehungsratgeber, schreibst drei Männern täglich und sprichst einen Mann persönlich an. Das ist also deine Strategie. Danach gehst du los und ziehst das Ganze durch. Wichtig ist, dass du jeden Tag deine Ergebnisse auswertest. Wie viele Männer habe ich heute wirklich angesprochen? Was kann ich besser machen? Dabei kommt deine rechte Gehirnhälfte zum Einsatz, mit all den Gefühlen und Erinnerungen sowie der Fähigkeit, neue Ideen zu entwickeln. Durch das ständige Probieren und Reflektieren erhältst du neue Erfahrungswerte, die deine rechte Gehirnhälfte nutzt, um daraus neue Möglichkeiten zu formen. Dein Potenzial wird sich dadurch schlagartig vergrößern. Durch mehr Potenzial tun sich neue Möglichkeiten auf. Durch neue Möglichkeiten erhältst du neue Resultate. Durch die Resultate verstärken sich deine Überzeugungen. Diese Überzeugungen wiederum vergrößern dein Potenzial und so weiter.

DIE VERBINDUNG DES WEIBLICHEN UND DES MÄNNLICHEN PRINZIPS

Ich finde, es gibt wirklich interessante Ähnlichkeiten zwischen der linken und rechten Gehirnhälfte und zwischen Mann und Frau. Manche mögen jetzt einwenden, die neueste Forschung und die aktuelle feministische Sichtweise sprechen gegen diese These. Aber für mich ist diese Vorstellung sehr stimmig, und ich erlebe es in meinem Umfeld auch ständig, dass diese Zuteilung stimmt. Natürlich kann es nie zu hundert Prozent so sein, aber Ausnahmen bestätigen die Regel.

Ich finde schon, dass Männer eher dazu tendieren, logisch-rational zu handeln. Viele Frauen dagegen spiegeln für mich die rechte Seite wider und sind eher emotional, sozial und kreativ orientiert. Sobald diese beiden Seiten zusammenkommen, beginnen wir, etwas zu erschaffen. Wir sind also eher kreativ als reaktiv. Das kann geschehen, wenn zum Beispiel der Mann lernt, seine rechte Gehirnhälfte besser einzubinden – oder die Frau ihre linke.

Ich möchte diese Theorie aber auch als Symbol verstanden wissen. Wenn sich das Emotionale und das Analytische zusammentun, kann etwas Großes entstehen. Die Beziehung zwischen Mann und Frau ist für mich ebenso ein Symbol für etwas Größeres. Wir könnten es Liebe nennen. Ich nenne es das Kind, weil es in der Regel das Schönste und Größte ist, was aus einer Paarbeziehung entstehen kann. Genau wie jede Blume oder jede Idee entsteht das Kind aus einem winzigen Samenkorn. Was wir zum Wachsen und Gedeihen eines Kindes oder einer Beziehung und so weiter beitragen können, ist, die idealen Bedingungen zu schaffen. Passiert dies nicht, wird das Samenkorn niemals zur Blüte werden.

Die idealen Konditionen für eine Blume sind Licht und Wasser. Für uns Menschen sind diese idealen Konditionen Liebe und Arbeit. Du erinnerst dich an mein Vorwort: Mit Liebe meine ich die Beziehung zu anderen Menschen und die damit verbundene Glückseligkeit. Mit Arbeit sind dein eigenes Wachstum, deine Bestimmung und Selbsterfüllung gemeint. Du hast ebenfalls einen Samen gelegt, sonst würdest du dieses Buch nicht lesen. Nun versuchst du, die idealen Konditionen für diesen Samen zu gewährleisten, damit die Blume ordentlich wachsen kann. Genau diese Konditionen sollst du hier bekommen.

Dein State ist der Ausdruck deiner Liebe. Es ist deine Strategie, die man nach außen hin sehen kann. Die meisten Menschen jedoch unterdrücken ihre Liebe sehr stark, ohne dass es ihnen bewusst ist. Vielleicht fällt es dir momentan ebenfalls schwer, deine Liebe auszudrücken, doch sobald du deinen inneren Zustand veränderst, so werden sich auch dein Ausdruck, die Ausstrahlung und deine Strategien daran anpassen. Es geht nämlich darum, zuerst an die 95% des Unterbewusstseins zu gehen und sie zu überzeugen, dass sie etwas davon haben, wenn sie sich aus ihrer Starre lösen. Dann werden die 5% des Verstandes automatisch mitkommen.

EINE KLEINE ERINNERUNG

Ruf dir noch einmal die Skala von eins bis zehn ins Gedächtnis, wie ich sie in Kapitel 3 beschrieben habe. Die Zahlen auf diesem Thermometer stehen für das Level, auf dem du momentan bist. Die Zehn wäre, wenn du die Liebe vollkommen verstanden hast und in Fülle lebst. Wenn du eine unfassbare Ausstrahlung der Liebe aussendest. Einen State hast, der Fürsorge, Ehrlichkeit und Mut ausstrahlt. Alle anderen Zahlen darunter sind noch unvollkommene Versionen von Liebe. Nehmen wir an, dass die Zehn das absolute Maximum ist. Diese Skala steht für deine Energie, und ebenso wie alles im Leben zwei Seiten hat, gibt es auf dieser Skala ebenfalls zwei Extreme. Anfang und Ende. Eins für Mangel und Zehn für Liebe und Fülle. Die Eins jedoch existiert nur, indem sie die anderen neun Zahlen verneint. Die Zahl Zehn schließt im Gegensatz dazu alle anderen Zahlen von eins bis neun mit ein. Das ist die Macht der Liebe, der Akzeptanz aller anderen Energien.

Was ich damit eigentlich sagen will, ist, dass du eigentlich schon längst eine Zehn warst, und zwar als du noch ein Kind warst. Wir kommen als Zehn zur Welt und sind bereits komplett, doch wir vergessen es mit der Zeit. Schau dir die Kinder in deinem Umfeld mal an. Sie sind vollkommen in ihrem Element. Sie genießen ihr Dasein einfach. Sie müssen sich nicht verrückt machen wegen irgendwelcher Konzepte, Schulnoten oder irgendeinem Termin, den sie noch wahrnehmen müssen. Es interessiert sie nicht, was alle anderen über sie denken, zumindest nicht, wenn sie noch klein und ganz bei sich sind. Sie sind noch in der Lage, ihre Emotionen ungefiltert auszudrücken. Egal ob Wut, Angst oder Traurigkeit: Sie sperren keines dieser Gefühle in den Keller. Doch dann kommen irgendwann die schlauen Erwachsenen, die das Kind erziehen wollen. Vor allem negative Emotionen sind unerwünscht – und auch anstrengend. Statt die Kinder zu begleiten und ihnen beizubringen, dass es ganz normal ist, wütend zu sein. Oder Angst zu haben. Je größer die Kinder werden, desto mehr wird ihnen beigebracht, all diese Gefühle in den Keller zu sperren. Was nicht dazu führt, dass die Kinder diese Gefühle gar nicht erst haben, sondern nur dazu, dass sie nicht mit ihnen umgehen können.

Wenn wir also Angst empfinden, sagen unsere Eltern: »Hör auf rumzujammern.« Wenn wir Wut empfinden, wird uns gesagt: »So benimmt man sich nicht! Reiß dich zusammen!« Und so lernen wir, Emotionen zu unterdrücken. Mit dem Ergebnis, dass wir häufig gar nicht so genau wissen, was zum Beispiel Wut ist. Unser emotionales Ich wird runtergedimmt auf eine Neun, dann eine Acht, zu einer Sieben und so weiter. Je nachdem, wie viele Gefühle die Eltern an uns zulassen. Aber wir alle verlieren mit dem Erwachsenwerden ein Stück weit die Fähigkeit, emotional »ganz« zu sein. Unsere Gefühle auszudrücken und zu uns selbst zu stehen. Das zu tun, wovon wir behaupten, dass wir es tun, und das zu sein, wovon wir behaupten, dass wir es sind. Wir können unsere Ängste nicht zugeben vor anderen, weil wir gelernt haben, dass es ein Zeichen von Schwäche ist. Erst, wenn wir unser Ich mit den Ängsten und all den anderen unterdrückten Emotionen konfrontieren und die Kellertür öffnen, können wir auf der Skala nach oben wandern und uns daran erinnern, dass wir vielleicht sogar mehr als nur eine Eins oder Zwei sind. Dass wir vielleicht sogar eine Drei, Vier oder sogar Zehn sind.

Ich hoffe, du verstehst nun, dass es bei Liebe vor allem um Akzeptanz geht. Die Erinnerung daran, dass du vollkommen bist wie ein kleines Kind. In diesem Leben ging es nie darum, größer oder schöner oder schneller zu werden. Das sind wir bereits.

Wir Erwachsene versuchen manchmal, auch bei anderen Erwachsenen Gefühle schlechtzumachen oder zu unterbinden. Doch die Welt ist ein Spiegel. Oft genug wollen wir den Spiegel von uns wegdrehen statt hineinzuschauen. Der Grund, warum wir andere oft verändern wollen, ist, dass wir meistens ein Problem mit uns selbst haben. Etwas, das wir in uns immer noch nicht emotional akzeptiert haben, sehen wir in den anderen. Zum Beispiel, wenn jemand erfolgreicher ist als wir. In uns steigt Neid hoch, was wir dadurch kaschieren wollen, dass wir den anderen schlechtreden. Den Neid aber unterdrücken wir, denn es ist nicht in Ordnung, neidisch zu sein. Wir sperren ihn in den Keller und ignorieren ihn. Es ist in Wirklichkeit nichts Schändliches, jemanden um sein Glück zu beneiden, ganz im Gegenteil. Aber jemanden zu beneiden und es sich nicht einzugestehen, wird dazu führen, dass man ihm im Geheimen Schlechtes wünscht. Derjenige, der dann am meisten darunter leidet, wirst du sein.

DIE PROJEKTIONEN IN UNSEREM LEBEN

Wie wir zu unseren Gefühlen stehen, verändert sich im Laufe des Lebens immer wieder. Als Kind treten die Emotionen relativ ungefiltert zutage. Leider können wir sie in diesem Alter noch gar nicht benennen oder bewerten. Dafür brauchen wir unsere Eltern oder andere Erziehungspersonen. Aber natürlich sind auch Eltern einmal erzogen und auf eine bestimmte Art und Weise konditioniert worden. Sie haben gelernt, dass es in der Gesellschaft nicht angesehen ist, wenn man neidisch ist oder Kummer zu offen zeigt. Am wenigsten gesellschaftsfähig scheint das Gefühl der Wut zu sein. Ich vermute, Eltern greifen hier sehr stark ein, weil ihnen die Wut der Kinder zum einen peinlich ist und weil sie zum anderen wahnsinnig anstrengend ist.

Man stelle sich nur das kleine Kind im Supermarkt vor dem Süßigkeitenregal vor. Ich glaube, jeder von uns hat diese Situation schon einmal beobachtet: Es gibt Eltern, die kaufen den Kindern einfach die Schokolade, um das Gefühl der Wut erst gar nicht aufkommen zu lassen. Dann gibt es Eltern, die verweigern dem Kind die Schokolade und begleiten es in seiner Wut. Gestehen ihm die Emotion zu, lassen es eine Erfahrung machen, ohne sich wegen des Geschreis zu schämen. Die dritte Gruppe bilden die Eltern, die das Kind anschreien oder schimpfen und ihm so zu verstehen geben, dass Wut nicht erwünscht ist und in den Keller gesperrt werden sollte. Das Kind versteht noch nicht einmal, dass es Wut ist, was es fühlt. Es fühlt sich einfach nur schlecht, weil es keine Schokolade bekommt, und dann signalisieren die Eltern auch noch: Deine Wünsche sind schlecht, und dein Gefühl ist es auch. Es fühlt sich abgelehnt.

Im Laufe der Zeit häufen sich solche Erfahrungen, und irgendwann lernt das Kind, dass man Wut lieber verstecken sollte. Wenn ich die Liebe meiner Mutter will, dann muss ich Wut vermeiden. Das ist allerdings absoluter Schwachsinn, trotzdem wird dich die Wut im Unterbewussten dein Leben lang verfolgen. Du wirst langsam erwachsen und bist dir gar nicht bewusst, was da an Gefühlen in dir schlummert. Aber irgendwann wird die Wut wieder hochkommen. Zum Beispiel, wenn du Menschen siehst, die wütend sind. Plötzlich fühlst du eine emotionale Reaktion und denkst dir: »Wie kann man nur so albern sein. Das ist ja lächerlich.« Du spürst eine Abneigung gegen diese Menschen. Wir können jedoch immer nur eine Abneigung gegen andere fühlen, wenn wir eine Abneigung gegen uns selbst haben. Das sind klare Anzeichen dafür, dass in uns etwas sitzt, was noch nicht verarbeitet ist.

Es gibt viele weitere Beispiele für unterdrückte Emotionen. Etwa die innere Bewunderung. Die Menschen, denen gegenüber wir Neid empfinden, tragen oft das in sich, was wir uns eigentlich tief im Innersten wünschen. Irgendwann in unserem Leben haben wir uns jedoch verboten, so zu sein wie diese Person, wahrscheinlich weil wir uns nicht wertvoll genug hielten. Nun sehen wir diese Menschen und statt Bewunderung empfinden wir Abneigung für sie, weil wir ihren Erfolg auf uns beziehen. Das Gleiche gilt für Hass. Hass ist nichts weiter als unterdrückte Liebe. Und zwar unterdrückte Liebe zu uns selbst. Wer so ein starkes Gefühl wie Hass für jemand anderen empfindet, hat zu wenig Liebe für sich selbst übrig. Denn wenn ich mit mir im Reinen bin, welchen Grund könnte es dafür geben, jemanden zu hassen?

Anstatt in uns selbst zu wühlen und uns darüber klarzuwerden, dass wir einen Schatten in uns sitzen haben, der tief in unserem Keller des Unterbewussten eingesperrt ist, versuchen wir, die Menschen da draußen zu verändern. Wenn wir in Beziehungen sind, dann geben wir dauernd ihm oder ihr die Schuld, anstatt an unserer eigenen emotionalen

Baustelle zu arbeiten. Ich bezeichne diesen Vorgang immer als Projektion unserer eigenen Ignoranz. Die Projektion kommt daher, dass wir uns selbst immer noch nicht vollkommen akzeptiert haben.

Was glaubst du, wird passieren, wenn du dem Menschen, den du beneidest, in die Augen schaust und es ihm oder ihr einfach sagst? Ihnen sagst, dass du sie wundervoll findest, weil sie so glücklich und erfolgreich sind und dass du es ebenso gerne hättest, aber leider noch nicht den Mut dazu hattest, das Ganze in Angriff zu nehmen. Der Mensch, den du beneidest, wird deine Worte als Kompliment auffassen und dich im besten Fall sogar teilhaben lassen an seinem Erfolg. Unterdrückst du das Neidgefühl, wirst du dein Gegenüber fast zwangsläufig schlechtmachen, damit du dich besser fühlst. Im tiefsten Inneren aber wirst du leiden. Und einen negativen Vibe ausstrahlen. Dein Gegenüber wird sich von dir abwenden.

Ich verspreche dir: Lerne, deine Gefühle zuzulassen, und du machst den ersten Schritt zur Glückseligkeit. Höre auf, deine negativen Gefühle auf die anderen zu projizieren. Eine völlig simple Sache, doch die meisten von uns haben es einfach nicht anders gelernt. Erinnere dich an diese Projektionen, wenn jemand anderer dir blöd kommt. Auch dieser Mensch hat wahrscheinlich nicht richtig gelernt, mit seinen Emotionen umzugehen. Ich bin sicher, diese Erkenntnis hilft uns enorm im Umgang mit anderen Menschen. Wenn wir erkennen, dass auch sie mal ein Kind waren, das nur verlernt hat, zu seinen Gefühlen zu stehen, werden wir nachsichtiger mit ihm sein. Sieh das Kind, das nach Erlösung schreit. Hasse nicht deinen Partner oder die Partnerin, die dich stressen. Sie schreien nach Liebe. Das ist alles, was sie tun. Erkenne, dass sie sich verändern werden, wenn du ihnen Liebe und Wärme gibst. Zeig ihnen, dass es warme Orte gibt, dass es eine andere Seite gibt und ein anderes Leben, denn sie haben es vergessen.

EIFERSUCHT

Vielleicht kennst du dieses Gefühl, dass du jemanden kennenlernst und sofort weißt, dass dies der richtige Mensch für dich ist. Eine starke Anziehung treibt dich in die Arme dieses Menschen, und, ja, es ist unausweichlich, irgendwann kommt ihr zusammen. Anfangs ist alles harmonisch und wundervoll. Liebe ist die Sprache, die ihr zum Kommunizieren nutzt, doch mit der Zeit bemerkst du, dass du unzufriedener wirst. Wie kann das sein, da du doch den Richtigen oder die Richtige gefunden hast? In dir steigt eine unbeschreibliche Angst hoch, dieser Mensch könnte dich betrügen. Willkommen Eifersucht!

Weiter vorn habe ich schon geschrieben, dass es ein großer Irrtum ist, wenn wir glauben, der Partner löse durch sein Verhalten Eifersucht in uns aus. Hast du dich schon einmal bei folgenden Gedanken ertappt: Ständig geht sie mit ihren Freundinnen Kaffee trinken – da steckt doch ein Kerl dahinter. Mein Freund hängt andauernd am Handy und schreibt Nachrichten – schreibt er einer Frau? Kein Mann schreibt doch so viel mit seinen Freunden! Wieso riechen seine Klamotten so komisch nach Parfüm – er war bei einer anderen! Warum hat meine Freundin dem Typen da drüben grade zugelächelt? Usw. ...

Wie gesagt, wenn du solche Gedanken hast, musst du etwas unternehmen. Versuche mal, deinen Blickwinkel zu ändern, statt deiner Freundin oder deinem Freund hinterherzuspionieren. Vielleicht trifft sie sich ständig mit einer Freundin zum Kaffeetrinken, weil diese Liebeskummer hat? Vielleicht textet dein Freund gar nicht mehr als sonst? Vielleicht riecht er nach Parfum, weil er in der Parfümerie ein Geschenk für dich kaufen wollte? Vielleicht lächelt deine Freundin dem Typen zu, weil sie ihn von irgendwo her kennt und seinen Namen vergessen hat? Es gibt viele verschiedene Betrachtungsweisen ein und derselben Sache – und die Wahrheit liegt nicht in deinem Kopf. Versuche in Zukunft, den Spiegel deiner Gedanken wieder auf dich zu lenken und die Storys in deinem Kopf aktiv zu beeinflussen. Die Angst wird immer wieder an die Tür hämmern und sagen: »Hey, du musst etwas an dir verändern, wenn du willst, dass die Beziehung besser wird.« Das geht allerdings nur, wenn du in dich selbst hineinschaust und akzeptierst, dass du die Verantwortung für deine Beziehung übernehmen musst, wenn sich etwas in deinem Leben verändern soll.

Tust du das nicht, wirst du immer wieder Beziehungen aufs Spiel setzen wegen deiner Eifersucht. Die Angst wird nicht weggehen, auch dann nicht, wenn du sein Handy überwachst oder deine Freundin zu Hause einsperrst. Nein, es wird sogar noch schlimmer kommen: Wenn du zu oft darüber nachdenkst, ob dein Partner fremdgeht, dann wird genau *das* irgendwann passieren. Dein negativer Vibe wird dazu führen, dass du genau das in dein Leben ziehst, was du ausstrahlst. Angst ist nicht nur ein Signal, sondern auch ein starker Magnet. Solange du die Angst im Herzen hältst, anstatt sie zu Liebe zu transformieren, wird sie eben das anziehen, wovor du am meisten Angst hast.

Der erste Schritt ist, deine Ängste zu äußern. Nächstes Mal, wenn dein Freund so viel textet, könntest du ihn ansprechen: »Hey, warum schreibst du schon wieder so viel am Handy? Ich muss dir etwas sagen. Ich bin unfassbar eifersüchtig, und es tut mir unglaublich weh, dass du ständig am Handy bist, weil ich das Gefühl habe, dass du mit anderen Frauen schreiben könntest. Ich will dir nichts unterstellen. Ich will dir einfach nur sagen, wie ich mich fühle. Ich habe Angst, dich zu verlieren, weil ich das Gefühl habe, dass ich nicht gut genug für dich bin und es so viele, sehr viel bessere Frauen da draußen gibt als mich, das ist alles.« Genau diese Aussage wird dich allerdings zu dieser besseren Frau machen. Ich kann dir ganz genau vorhersagen, was dann passieren wird:

Dein Freund wird dich in den Arm nehmen, dir seinen dämlichen Chat mit seinen Freunden zeigen und dir anschließend gestehen, wie sehr er dich liebt. Wetten?

So kann man es schaffen, Angst in Liebe zu verwandeln, es braucht nur ein kleines bisschen Mut. Mut, sich zu öffnen. Vergrabe die Angst nicht im Keller, sondern lass sie raus. Steh zu deinem Inneren, denn dann bist du das, wovon du behauptest, dass du es bist. Das Geschenk dafür ist Respekt und Wertschätzung. Selbst, wenn es sich im Moment merkwürdig für dich anhören mag, es ist immer wieder unglaublich, welche Reaktionen so eine Offenheit hervorruft.

Ich erzähle dir noch einmal ein Beispiel aus meinem Leben. Eines Tages kam ich nach Hause, und meine Mutter wartete schon im Flur auf mich. Sofort war mir klar, dass sie einen schlechten Tag hatte. Sie hatte nur darauf gewartet, dass jemand heimkommt, an dem sie ihre schlechte Laune auslassen konnte. Es ging sofort los. Sie schrie mich an und behauptete, ich sei einfach zu nichts in der Lage. Dass ich mir nicht genug Mühe in meinem Leben gebe und dass ich endlich mein Leben auf die Reihe kriegen solle. Das war natürlich Unsinn. Wäre ich mit mir selbst nicht im Reinen gewesen, hätte ich zurückgeschrien, und es hätte einen Riesenzoff gegeben.

Der Trick ist, in so einer Situation nicht gleich beleidigt zu sein, sondern zu überlegen: *Warum* sagt dieser Mensch so etwas? Mir ist es wirklich sehr oft egal, was jemand zu mir sagt. Ich schaffe es, zu 90% darauf zu achten, *warum* jemand etwas zu mir sagt. Denn sobald ich weiß, ob es aus einem Mangel oder einer Fülle herauskommt, weiß ich gleichzeitig, wie ich damit umzugehen habe. Im Falle meiner Mutter war es ganz klar Mangel, weil sie über den Tag anscheinend das Gefühl aufgebaut hatte, nicht genug wert zu sein.

Ich hatte erkannt, dass sie einen schlechten Tag hatte, also ging ich auf sie zu, um sie zu umarmen, auch wenn sie mir all diese Anschuldigungen an den Kopf geworfen hatte. Ich umarmte sie also und sagte ihr, dass sie wundervoll sei. Dass ich sie liebe und dass sie großartig sei. Ehe ich mich's versah, war sie bereits am Lächeln und erleichtert. Warum? Weil ich ihr Wärme gegeben habe, eben das, was sie in diesem Moment gebraucht hatte. Die meisten anderen hätten in diesem Moment so etwas gesagt wie: »Was meinst du damit, ich mache nichts aus meinem Leben? Das stimmt doch gar nicht! Was denkst du dir dabei, so etwas zu behaupten?« Sie handeln eher reaktiv als kreativ. Du musst nämlich verstehen, dass Angst und Mangel nichts weiter sind als Kälte, doch die meisten wissen nicht, wie sie es sich wärmer machen können. Also brauchen sie manchmal andere Menschen, die sie aufwärmen, damit sie nicht mehr so frieren. Der State von Mangel ist nicht mehr als eine Erkältung, doch wenn du ein starkes Immunsystem hast, dann können dir die Erkältungen der anderen schon bald nichts mehr anhaben.

Wenn du dir klarmachst, dass da draußen einfach eine große Menge erkälteter Menschen herumlaufen, wirst du anders mit Beleidigungen und Provokationen umgehen. Sie stecken sich gegenseitig an, weil sie immer noch kein Gegenmittel gefunden haben. Aber du hast es gerade von mir bekommen, das Gegenmittel: Es heißt Liebe.

DAS BEWUSSTSEIN (DER MANN)

Das Bewusstsein, das 5% unseres Ichs ausmacht, ist sozusagen der Deckel auf deinem Unterbewussten. Wie ein Türsteher, der entscheidet, was reindarf. Und er lässt bei Weitem nicht alles rein in den Club des Unterbewusstseins. Dort findet die wahre Party statt. Wenn du tief im Unterbewussten glaubst, dass du nicht liebenswert bist, dann wird der Türsteher auch niemals eine gegenteilige Information reinlassen. Wenn also jemand kommt und behauptet, dass du wundervoll und liebenswert bist, wird sich sofort eine Abwehr in dir melden. Der Türsteher sagt dann: »Sorry, du kommst hier nicht rein, Information!« Für dich bedeutet das also, dass du anfängst zu grübeln: Meint die das ernst? Verarscht die mich gerade? Das kann die doch gar nicht ernst meinen? Ich soll liebenswert sein? Und so lässt du diese Information nicht mehr in dein Unterbewusstsein treten und blockst ab.

Das ist der Grund, warum so viele Menschen ein Problem damit haben, Liebe zuzulassen. Ihre Erfahrungen versperren ihnen die Sicht auf die Wirklichkeit. Und doch gibt es Wege, um in den Club des Unterbewusstseins zu gelangen, selbst wenn man keine Einladung bekommen hat. Wie in der Disco ist es auch in deinem Ich wichtig, den Türsteher zu kennen. Du weißt ja: Wenn du ihn kennst, kannst du lässig an der Schlange vorbeilaufen und wirst sofort reingelassen.

Lass uns also verstehen, wer dieser Türsteher vor deinem Unterbewusstsein ist und woher er überhaupt kommt. Stell dir das ungefähr so vor: Als kleines Kind kommen wir als leerer Container auf die Welt. Wir sind wie ein leeres Gefäß, in das man alle möglichen Informationen reintun kann. Es gibt noch nichts, was diese Informationen daran hindert, einfach in unser Gehirn zu kommen. Die ersten vier Jahre unseres

Lebens werfen all die Menschen in unserem Leben sämtliche Informationen in unsere kleinen Kinderköpfe, und unser Gehirn hat noch nicht die Fähigkeit, zu filtern, was reindarf und was nicht. So übernehmen wir das Programm unserer Eltern und unseres frühen Umfeldes. Stell dir ein kleines Kind vor, das einfach so im Raum sitzt und spielt. Plötzlich wirft es etwas um. Es probiert aus, was es mit seinen Händen tun kann und ob die Dinge immer umfallen, wenn man dagegenstößt. Er erkundet ganz neutral die Welt und lernt das Prinzip der Schwerkraft kennen. Je kleiner das Kind ist, desto gelassener wird das Kind dieses Spiel spielen. Doch ab einem gewissen Alter kann man beobachten, dass das Kind zur Mutter schaut, um deren Reaktion zu sehen, wenn es etwas umwirft. Was ist geschehen? Die Mutter hat vielleicht wiederholt geschimpft, wenn das Kind beim Umwerfspiel zugange war. Sie hat keine Lust, die Sachen immer wieder aufzubauen. So lernt das Kind mit der Zeit, dass es etwas falsch macht, wenn es Dinge umwirft. Das Unterbewusstsein wird negativ programmiert. Die Mutter könnte es auch positiv programmieren, indem sie alles Zerbrechliche, was ihr wichtig ist, wegräumt, und das Kind ermuntert, die Welt zu erkunden.

Mit der Zeit wird das Kind älter und beginnt, Fantasie zu entwickeln. Im Alter von vier bis sieben Jahren erwacht dann langsam der kreative Geist im Menschen, man spricht häufig auch von der magischen Phase, in der Kinder alles toll finden, was mit Hexen, Zauberern und Gespenstern zu tun hat. Wir hatten ja bereits zuvor über die zwei Gehirnhälften geredet. Einmal links und einmal rechts. Das rechte, feminine und kreative Gehirn arbeitet also in dieser Zeit besonders intensiv. So langsam wächst das Kind weiter heran und erreicht ein Alter zwischen sieben und neun Jahren. Hier kommt die Logik ins Spiel. Die linke und die rechte Gehirnhälfte versuchen, sich zu koordinieren und sich kennenzulernen. Das Kind hat nun viele Fantasien im Inneren durchlebt und versucht diese Fantasiewelt nun mit der äußeren, logischen, rationalen

Welt zu verbinden. Noch sind diese beiden Welten vermischt, doch im Alter von zwölf Jahren ist der Deckel zu. Das ist der Moment, wo der Club fertiggestellt ist und der Türsteher eingestellt wird.

Die Kindheit ist also der wesentliche Zeitraum, in der dein Unterbewusstsein programmiert wird. Vielleicht hattest du eine großartige Kindheit ohne jegliche negative Programmierung, und alles was dein Türsteher nun reinlässt sind Liebe und Fülle. Bei den meisten aber gibt es leider zu viele Situationen, in denen etwas schiefgelaufen ist, weshalb der Türsteher nur noch Chaoten in den Club reinlässt und all die anderen, die etwas Liebe mitbringen, einfach draußen stehen lässt. Auf der Basis dieses Unterbewusstseins und der Erfahrungen, die es in der Kindheit gemacht hat, wird schließlich das Bewusstsein geformt.

DAS UNTERBEWUSSTSEIN (DIE FRAU)

Der zweite und überaus große Part neben dem Mann, der gerne den Türsteher spielt, sind natürlich deine Emotionen und Gefühle. Sie sind der Beweggrund für alle deine Handlungen, denn sie beeinflussen das Bewusstsein natürlich. Wir haben über die Zeit als Kind gesprochen, als du noch in der Fantasiewelt gelebt hast, richtig? Am Anfang ist dein Leben noch wie ein leeres Blatt Papier, das du nach Belieben mit bunten Farben vollkritzeln darfst. Du lebst also zuerst ein kreatives und fantastisches Leben, bis deine Eltern oder die Gesellschaft dir sagen, wie die Welt wirklich läuft. Du musst zur Schule, leise sein, zuhören, arbeiten, studieren, in den Urlaub fahren, heiraten, dir die Nachrichten anschauen, machen, was der Chef dir sagt, und wieder leise sein und zuhören. Plötzlich ist dein Leben öde und fad. Um das Blatt deines Lebens zu bemalen, hast du nur noch einen schwarzen Stift.

Du hast ein klares Bild von dir und deiner Identität. Woher du kommst, wer du bist und wohin du gehst. Dass du es nicht schaffst, wahre Liebe in dein Leben zu ziehen. Daran kannst du halt nichts ändern, es steht ja da, in dicken schwarzen Buchstaben auf dem Blatt Papier. Glaubst du zumindest, weil es dir so beigebracht wurde. Doch was würde passieren, wenn du dich entscheidest, das Stück Papier zu nehmen, das du deine Identität oder dein Leben nennst, und es einfach in den Papierkorb zu werfen? Hol dir einfach ein neues Blatt und viele bunte Stifte und los geht's!

Dir muss klar werden, dass wir Menschen auch als Erwachsene kreative Wesen sind und immerfort gewisse Bilder in unserem Kopf haben, die wir durch unsere Buntstifte erschaffen, und diese Stifte nennen wir Sinne. Klar, als Erwachsener ist es schwieriger, sich die Zeit zu nehmen und alles noch einmal neu aufzumalen. Aber dein Geist birgt ein sehr interessantes Geheimnis in sich. Er kennt den Unterschied zwischen real und nicht real gar nicht so genau. Das heißt, alles, das du in deinem geistigen Auge geschehen lässt, sobald deine echten Augen geschlossen sind, hält dein Geist ebenfalls für wahr.

Wage doch einmal dieses kleine Gedankenexperiment: Schließe die Augen und stell dir vor, du bist wieder ein kleines Kind. Erinnere dich an einen Moment in deinem Leben, in dem du unglaublich glücklich warst. Wenn du dich für ein paar Minuten hinsetzt und die Augen zumachst, deinen Fokus auf diese Erinnerung und das Bild legst, dann wirst du bemerken, dass plötzlich positive Emotionen hochkommen. Wer hat diese Emotionen geweckt? Niemand anderes als du. Es war deine Entscheidung, diese Bilder hervorzurufen. Welche Erinnerungen jedoch wählen wir meistens? Negative Erinnerungen aus der Vergangenheit, oder? Hätte ich doch dieses oder jenes nicht gemacht! Hätte ich mich doch nie von XY getrennt! Hätte ich doch damals in der Schule besser aufgepasst!

Ich sag dir mal was: Egal wie häufig du dieses Hätte-hätte-Fahrradkette noch denkst, es wird absolut gar nichts an der Vergangenheit ändern. Das Einzige, das du damit änderst, ist dein Vibe, und zwar ins Negative. So wirst du aus dem Teufelskreis der Emotionen nicht herauskommen.

Wenn du also dein Leben verändern willst, musst du verstehen, dass das emotionale, weibliche Prinzip in dir der Schlüssel dazu ist. Durch die Bilder, die du in deinem Kopf formst, entscheidest du selbst, welche Gefühle und welches Schicksal du erschaffen willst. Ich weiß, ich wiederhole mich, aber es ist mir wirklich wichtig: Du solltest es verinnerlichen, dass die Welt nicht so ist, wie sie wirklich ist, sondern so, wie du sie wahrnimmst. Die Realität da draußen ist immer davon abhängig, wie du sie betrachtest. Wenn du solche Dinge sagst wie »Sie ist die Richtige, es gibt keine andere außer ihr«, dann erschaffst du gleichzeitig eben diese Erfahrung. Du hast selbst entschieden, dass sie die Einzige ist, aber ist das wahr? Ist er oder sie wirklich der oder die Richtige, obwohl sie dich verlassen hat, oder hast du es dir inzwischen so oft gesagt, dass du es selbst glaubst? Ein guter Weg, um diese Glaubenssätze zu durchbrechen, ist, sie wirklich zu hinterfragen. Leider verlieren wir uns viel zu oft in unseren Überzeugungen, anstatt sie zu beleuchten und zu erforschen. Dadurch üben sie immer mehr Einfluss auf unser Leben aus, wie Unkraut, das deinen Garten immer stärker überwuchert.

Hier ein Vorschlag, wie du dabei vorgehen kannst:

Nehmen wir beispielsweise einen Glaubenssatz wie »Sie ist die Richtige«. Um ihn auf seine Wahrhaftigkeit zu prüfen, stelle dir die folgenden Fragen:

Ist das wirklich wahr?

Vielleicht wirst du das Ganze jetzt mit »ja« beantworten oder Gründe finden wie »Sie hat mich unglaublich glücklich gemacht oder ohne sie bin ich unzufrieden«, aber ist es wirklich wahr?

Kannst du zu hundert Prozent bestätigen, dass es wahr ist?

Kannst du mit absoluter Überzeugung behaupten, dass sie die Richtige war, auch wenn sie dich verlassen hat? Oder bist du einfach unzufrieden, weil du Angst vor dem Alleinsein hast? Immerhin hat sie dich verlassen, oder? Also ist ja gerade sie der Grund, warum du unzufrieden bist, oder? Kann sie dann wirklich die Richtige sein?

Wie fühlst du dich mit diesem Glaubenssatz?

Dieses Gefühl von »Sie ist die Richtige« gibt dir ein miserables Gefühl, oder? Die Tatsache, dass du sie verehrst und auf ein Podest stellst, macht dich fertig. Ist es nicht so?

masteryourmind

Wer wärst du dann ohne diesen Glaubenssatz?

Mit Sicherheit ist dir bereits völlig klar, dass du eine viel stärkere und bewusstere Version von dir selbst wärst, wenn du diesen Gedanken nicht hättest, richtig? Dein Grundgefühl ohne »Sie ist die Richtige« wäre um einiges besser, ist es nicht so?

Also, warum noch glauben, dass sie die Richtige ist?

In welcher Form hilft es dir? In welcher Art bringt es dir was? Macht es dich zu einem besseren Menschen? Macht es dich vor allem zu dem Menschen, den eine »Richtige« gerne haben würde? Weshalb also noch an dem Glaubenssatz festhalten? Ergibt das noch irgendeinen Sinn?

Entwerfe einen neuen Glaubenssatz, der sich für dich lohnt!

»Jede ist die Richtige, je nachdem in welcher Phase meines Lebens ich bin.«

Nutze den neuen Glaubenssatz als Affirmation!

Damit du das Beste für dich herausholen kannst, empfehle ich dir, diesen ins Positive gekehrten Satz regelmäßig zu wiederholen. Man nennt dies eine Affirmation.

Rufe dir deinen neuen Glaubenssatz in den folgenden Wochen immer wieder ins Gedächtnis. Es hört sich blöd an, aber je öfter du ihn dir vorsagst, desto schneller wird er sich dir in den Kopf brennen. Und dann wird sich auch deine Stimmung verändern, das verspreche ich dir. Du merkst, dieser Satz gibt deinem Leben eine völlig neue Bedeutung. Frei nach dem Motto: Jede kann die Richtige sein. Je nachdem, in welcher Phase meines Lebens ich bin. Es kommt halt eben darauf an, wo ich persönlich gerade stehe. Denn jeder Mensch, den ich in mein Leben ziehe, ist dazu da, um von ihm zu lernen. Vielleicht war deine Ex nur dazu da, damit du verstehst, dass du an deinem Selbstwert arbeiten solltest? Menschen eine Perspektive zu geben bedeutet, sie an einen anderen Ort zu stellen, von dem aus sie die Welt betrachten können. Ist es nicht so?

Die Kunst im Leben besteht also darin, sich so zu positionieren, dass man an einem Ort im Unterbewusstsein steht, an dem es gemütlich warm ist. Sobald wir bemerken, dass uns unsere Glaubenssätze unzufrieden machen, muss uns klarwerden, dass wir an unserem Unterbewusstsein arbeiten müssen. Es geht darum, zu lernen, wie das Unterbewusstsein funktioniert und wie wir es für uns nutzen können. Einen Weg habe ich dir gerade gezeigt: den analytischen.

Du kannst dein Selbstbild auch rein auf der Gefühlsebene verändern. Zum Beispiel mit einer kleinen Meditation:

Denke an einen Menschen, der dich wütend, zornig, neidisch oder traurig gemacht hat. Was ist das erste und intensivste Bild, das dir in den Kopf springt, wenn du über diesen Menschen nachdenkst? Welche Situation oder Erfahrung war es, die diese Einstellung diesem Menschen gegenüber geschaffen hat? Schau dir die Situation genauer an! Wie sieht es dort aus? Was ist dort passiert? Sobald du es ein bisschen erforscht hast, beantworte bitte die folgenden Fragen für dich selbst: Ist es in diesem Bild hell oder dunkel? Ist es dort laut oder leise? Ist die Atmosphäre eher leicht oder bedrückend? Bist du in diesem Bild? Wie ist dein Gesichtsausdruck? Wie ist deine Körpersprache? Sind die Personen oder Gegenstände im Bild weit weg oder eher nah dran? Versuche nun bitte Folgendes: Wenn du das Bild ganz nah vor deinem inneren Auge hast, dann breite den Raum aus, sodass du unglaublich viel Platz hast. Wie fühlt sich das an? Fühlst du dich etwas erleichterter? Sehr gut. Wenn der Raum dunkel ist, dann erhelle ihn. Mach ihn schön lichtdurchflutet, bis beinahe alles strahlend weiß leuchtet. Wie fühlst du dich? Etwas besänftigter? Wenn die Atmosphäre bedrückend ist, dann stell dir einen Staubsauger vor, der all die schlechte Aura aufsaugt, bis alles luftig leicht ist. Wie ist es jetzt? Einfacher? Jetzt verändere deine Körpersprache. Schau dich an, forme dein Gesicht zu einem lächelnden um. Baue einen selbstbewussten Ausdruck auf, Schultern nach hinten, Brust raus, Kinn nach oben. Was geht jetzt in dir vor? Bemerkst du eine Veränderung in deinen Emotionen? Ja? Perfekt! Dann hast du gerade gemalt. Du hast das alte Blatt Papier, das mit schwarzem Stift beschrieben war, mit vielen neuen Farben übermalt.

Du hast deine fünf Buntstifte genutzt, um das Bild zu verändern. Diese Buntstifte sind dein Hören, Sehen, Riechen, Schmecken, Fühlen. Es sind die Sinne, die Signale in deine innere Welt senden, dein Kopf verarbeitet sie und schafft die passenden Bilder dazu. Das ist selbstkreierte Realität. Natürlich ist es mühsam und langwierig, das Unterbewusste neu zu programmieren oder zu bemalen. Aber es ist möglich. Und du wirst sehen: Wenn du erst einmal angefangen hast, wird es bald kinderleicht sein.

Es kommt immer darauf an, wie wir die Welt sehen. Ich habe mal einige Zeit als Taxifahrer gearbeitet, und wie man sich vorstellen kann, wurde mir diese Arbeit irgendwann zu anstrengend. Es hat mich gefrustet, jede Nacht Betrunkene nach Hause zu fahren. Langsam wurde es wirklich nervig, ständig bis morgens im Auto unterwegs zu sein und tagsüber schlafen zu müssen. Eines Tages jedoch fiel mir ein Buch in die Hände. Das Buch hieß *Das Power Prinzip* von Anthony Robbins. Dieses Buch hat mir die Augen dafür geöffnet, dass ganz vieles im Leben Einstellungssache ist. Wenn wir die Welt positiv betrachten, wird sie sich auch zum Positiven verändern. Also fing ich an, mir aufzuschreiben, was gut daran ist, dass ich nachts Taxi fahre. Ich mochte zwar nicht die Betrunkenen, aber generell mochte ich Menschen, und ich fand es immer schon toll, neue Leute kennenzulernen. Ich hatte nur nicht gecheckt, dass ich auch die Menschen kennenlernen konnte, die in meinem Taxi saßen. Also fing ich an, die Leute während der Fahrt anzusprechen. Das gefiel ihnen, und ich hatte viele interessante Begegnungen. Das Taxifahren wurde von der lästigen Pflicht zur Schule der Menschenkenntnis.

Jeder neue Kunde brachte mir eine neue Lehre. Ich versuchte, jedem Einzelnen seine Geschichte und Identität zu entlocken. Mit der Zeit konnte ich die Leute besser ansprechen und einschätzen. Meine Kommunikationsskills und meine Menschenkenntnis wurden fundamental geschult, wofür ich noch heute dankbar bin. Und sie waren alle so unterschiedlich: von der untersten Schicht bis hin zu Superreichen. Dennoch hatten sie alle Gemeinsamkeiten, ganz egal ob sie gerade aus einer versifften Kneipe oder aus einem wichtigen Meeting in der obersten Etage eines glitzernden Büroturmes kamen. Unabhängig davon, ob es Frauen oder Männer waren. Ganz egal, ob betrunken oder nüchtern, sie hatten alle denselben Kern. Ich erkannte, dass sie alle auf der Suche nach Liebe und Geborgenheit waren.

Weil ich meine Perspektive geändert hatte, begann das Taxifahren, mir Spaß zu machen, und ob du es glaubst oder nicht, dies war die Grundlage dafür, dass ich heute Menschen coache und dieses Buch schreibe. Wie du siehst, hat sich durch eine Änderung meiner Einstellung auch die Realität geändert. Ohne die Entscheidung, meine Perspektive zu wechseln, würde ich wahrscheinlich immer noch im Taxi sitzen und mich über die Arbeit auskotzen.

DER KÖRPER (DAS KIND)

Wir haben jetzt viel über das Bewusste und das Unbewusste gesprochen, nun möchte ich noch erläutern, was ich meine, wenn ich von dem Kind oder auch dem Körper spreche. Wenn ich über den Körper spreche, meine ich allerdings nicht deine Haare oder Brüste. Oder ob du einen Sixpack und tollen Bartwuchs hast. Ich meine die den Emotionen zugrunde liegenden körperlichen Funktionsweisen. Natürlich beeinflusst unser Körper auch unsere Stimmung. In Kapitel 1 habe ich über das Gleichnis mit der Schatztruhe und dem Löwen geschrieben. Sobald wir einem brüllenden Löwen gegenüberstehen, übernimmt unser Körper die Steuerung über unsere Gefühle. Er schüttet Adrenalin aus, wir bekommen Angst und können schneller wegrennen.

Dein Körper ist im gestressten Zustand, damit er überleben kann. Das hat auch seinen Sinn und Zweck, wenn du hin und wieder mal von einem Löwen gejagt wirst, aber leider ist dieser Löwe heutzutage deine Frau, dein Mann oder dein Chef. Es sind die bedeutenden Menschen oder Dinge in unserem Leben, die uns am meisten unter Stress setzen können. Aber es hängt auch davon ab, welche Story wir im Kopf haben und wie wir mit unserem Unterbewusstsein umgehen. Klar, Stress an sich können wir nicht immer vermeiden. Das sollten wir auch gar nicht. Aber ob uns der Stress zu Höchstleistungen antreibt oder ob er uns lähmt, liegt ein Stück weit in unserer Hand. Wenn wir vor lauter Prüfungsangst erst gar kein Wort auf den Bogen bringen, sollten wir dringend daran arbeiten. Es ist gut, wenn wir im positiven Sinne aufgeregt sind vor der Prüfung, denn dann können wir besser denken. Nimmt der Stress aber überhand, und habe ich das Gefühl, mein Leben hängt von dieser Prüfung ab, dann komme ich automatisch in den Überlebensmodus. Dieser Überlebensmodus ist aber nicht dazu da, um gut denken zu können, sondern um schnell laufen oder kämpfen zu können. Er bringt dir also relativ wenig in deiner Prüfung, eben deshalb kommt es manchmal zu vollkommenen Blackouts, und man erinnert sich kein Stück mehr daran, was man zuvor wochenlang gelernt hat.

Dieser Überlebensmodus ist nicht an sich schlecht. Das Reptilienhirn ist wie ein Biest, das unglaublich viel PS auf die Straße bringt, wenn es darauf ankommt, zu kämpfen oder zu fliehen, doch wenn es diese PS in die falsche Richtung steuert, dann wird das Ganze nicht so gut ausgehen. Dein Körper ist fest mit diesem Reptilienhirn verbunden und folgt vor allem Belohnung und versucht, Schmerz zu vermeiden. Mit Belohnung meine ich Dopamin, Oxytocin, Serotonin, Endorphine und so weiter. All das sind Hormone und Neurotransmitter, die das Biest in dir verlangt. Aber wie du dir denken kannst, wirken all diese Belohnungsmechanismen nur kurzzeitig. Wer längerfristiges Glück sucht, sollte eher weniger das Reptilienhirn in sich stimulieren.

Es gibt viele Versuchungen in der modernen Welt, die dieses kurzzeitige Belohnungszentrum aktivieren, aber längerfristig großen Schaden anrichten können, Drogen zum Beispiel. Aber auch Werbung wirkt ähnlich. In Bezug auf Beziehungen – jetzt spreche ich eher für die Männer – ist das wichtigste Beispiel Pornos. Wenn du einen Porno schaust, werden genau diese Hormone freigesetzt. Natürlich kann dein Gehirn nicht zwischen echtem Sex, der für Liebe und Fortpflanzung gedacht ist, und Porno unterscheiden. Alles, was dieses Biest von Reptilienhirn sich denkt, ist: Wie kann ich das öfter bekommen? An sich ist das ja nichts Schlimmes. Aber immer häufiger hört man von Pornosucht – und die betrifft eher nicht Personen in glücklichen Beziehungen. Wenn diese kurzfristige Belohnung aber so leicht zu bekommen ist, warum sollte man dann noch rausgehen und sich die Mühe machen, jemanden für realen Sex kennenzulernen? Das ergibt für dein Biest keinen Sinn, es möchte ja nicht erst lange warten, sondern sofort eine Belohnung.

Was aber ist mit Erfolg und einer großartigen Beziehung? Dort werden die Belohnungen vielleicht erst in ein paar Monaten oder Jahren freigesetzt. Deshalb müssen wir verstehen, welche kurzfristigen körperlichen Genüsse uns vom langfristigen Glück trennen. Die sogenannte Liebe auf den ersten Blick ist ebenfalls nichts anderes als ein kurzfristiger Hormonschub. Natürlich kann daraus eine gute Beziehung erwachsen, aber auch dafür muss man ganz schön viel tun.

Du solltest also das Biest in dir, das immer nach schneller Belohnung verlangt, etwas zähmen. Das mag am Anfang anstrengend erscheinen, aber irgendwann wird es selbstverständlich – und irgendwann wirst du richtig glücklich sein. Schauen wir uns zunächst an, wie dein Biest funktioniert. Dein kurzfristiges Belohnungssystem läuft in vier Schritten ab: Anzeichen, Verlangen, Handlung und Belohnung. Wenn du zum Beispiel immer abends im Bett Pornos schaust, wird es irgendwann schwierig, einfach ohne diese abendliche Ablenkung ins Bett zu gehen. Das Anzeichen wäre das unangenehme Gefühl der Einsamkeit. Nun hast du dieses Gefühl vielleicht jedes Mal, wenn du im Bett liegst. Du entscheidest, an dir herumzuspielen, und wenn du fertig bist, bemerkt dein Geist plötzlich: »Schau mal einer an, das Gefühl der Einsamkeit ist gerade weggegangen. Das müssen wir unbedingt beim nächsten Mal wiederholen, wenn wir wieder im Bett liegen und das Gefühl von Einsamkeit hochkommt. Das Bett und die immer gleiche Uhrzeit schaffen also einen Anreiz. Dann kommt das Verlangen ins Spiel, das dich irgendwann dazu treibt, doch noch ins Internet zu gehen, obwohl du eigentlich gleich schlafen wolltest. Im Schritt darauf folgt die Handlung, und die kurzfristige Belohnung. Ein schneller Kick, den du nun immer häufiger suchst.

Natürlich funktioniert auch schneller Sex mit einem One-Night-Stand so. Viele Männer und auch gar nicht so wenig Frauen suchen immer wieder diesen Kick und wundern sich Jahre später, dass sie immer noch keine Liebe gefunden haben. Sie sollten an die Sache etwas langfristiger herangehen. Zum Beispiel zu versuchen, jemand interessanten langsam kennenzulernen und die körperliche Ebene bewusst erst einmal auszusparen.

Aber man kann dieses Belohnungsmuster in vier Schritten auch positiv für sich nutzen. Es gibt Bereiche, in denen wäre eine kurzfristige Belohnung gar nicht schlecht, oder? Es gibt zum Beispiel extrem schüchterne Menschen, die sich kaum trauen, jemanden anzusprechen. Sie könnten sich vornehmen, jeden Tag zu einer bestimmten Uhrzeit eine Runde Social-Skills-Training zu machen. Also zum Beispiel: Jeden Tag, wenn ich zum Bäcker oder in den Supermarkt gehe, spreche ich eine Frau an, die mir gefällt. Stell dir den Wecker mit deinem Lieblingssong als Klingelton – er soll das Anzeichen sein, dass es jetzt losgeht. Sprech nun mindestens zwei Frauen oder Männer an, auch wenn du Angst hast. Das Wichtigste ist die Belohnung zum Schluss. Kaufe dir eine besondere Schokolade oder gönne dir zehn Minuten in deinem Lieblingscafé. Wiederhole diese Routine so oft wie möglich, und irgendwann wird sich auch das Verlangen sowohl nach dem sozialen Kontakt als auch nach der Belohnung einstellen. Du überlistest damit sozusagen deinen Körper. Das Biest in dir wird die Signale schon nach kurzer Zeit anders bewerten: Sobald du den Wecker mit deinem Lieblingssong hörst, wird ein Ablauf in Gang gesetzt, an dem du dich zum Schluss gut fühlen wirst. Dein Körper schüttet jetzt schon zu dem Zeitpunkt, wenn du die Melodie hörst, die belohnenden Hormone aus. Du bist merkwürdigerweise viel motivierter, als du es gestern noch warst, um rauszugehen und Leute anzusprechen. Jetzt tust du eben das und belohnst dich danach wieder mit einem guten Essen, einer tollen Praline oder was auch immer. Nun hast du aus einem kleinen dünnen Faden eine Schnur gemacht. Wenn du es oft genug wiederholst, wird aus dieser Schnur ein dickes Seil und irgendwann ein stahlharter Strang, den man nicht mehr durchtrennen kann. Wie wahrscheinlich ist es jetzt, dass du deinen Traummann oder deine Traumfrau findest? Sehr viel wahrscheinlicher, weil du dich auf etwas Neues programmiert hast.

Im Leben geht es also darum – ganz egal in welchem Bereich –, den Mann, die Frau und das Kind in dir in Einklang zu bringen. Sind diese drei Einheiten nicht synchron, so entsteht Disharmonie und damit eine Quelle von Mangel. Der Mann (das Bewusstsein) gibt einfach nur das Ziel vor und lässt dann Informationen entweder rein oder nicht. Die Frau (das Unterbewusstsein) erschafft das Gefühl, welches mit dem Ziel verbunden ist und das Kind (der Körper) ist das Produkt, das aus dem Zusammenspiel von Mann und Frau hervorgeht. Es ist die Handlung, die aus der Qualität deines Denkens und Fühlens erschaffen wird. Diese Handlung fällt dann entweder in Abhängigkeiten und Ablenkungen, wenn das Denken und Fühlen in Disharmonie sind. Schaffst du es jedoch, Gefühl und Gedanken in Einklang zu bringen, so entstehen daraus all die Handlungen, die dir ein erfolgreiches Leben ermöglichen und einen anziehenden Vibe ausstrahlen.

LASS MICH RAUS

Bereits in Kapitel 2 habe ich über den Keller gesprochen, in dem deine Angst sitzt. Stell dir vor, du kommst nach Hause und setzt dich aufs Sofa. Du machst gemütlich den Fernseher an. Hinter dir ist eine Kellertür. Plötzlich hörst du, wie etwas ständig gegen diese Kellertür hämmert. Dieses Hämmern ist deine Angst. Dieser Keller ist dein Unterbewusstsein. Dort unten ist irgendetwas, was endlich raus will, doch dich stört dieses Hämmern, du willst die Tür nicht aufmachen. Wer weiß, was dort unten auf dich wartet, deshalb drehst du den Fernseher vor dir einfach lauter. Der Lärm des Fernsehers ist die Ablenkung, die wir in unserem Leben haben. Wie diese Ablenkung im Einzelfall aussieht, kann ganz unterschiedlich sein: Social Media, Drogen, Sex, Selbstverletzung usw. Je nachdem wie laut das Hämmern an dieser Tür ist.

Dieses Hämmern gibt es aber nur, weil dein Bewusstsein, also dein Verstand, und dein Unterbewusstsein einen Error haben, sie arbeiten nicht zusammen. Irgendetwas funktioniert nicht ganz. Nehmen wir zum Beispiel noch einmal die Eifersucht. Die Eifersucht entsteht nur durch die Ignoranz des Hämmerns. Du hast mit deinem Bewusstsein (der Mann) entschieden, dass du ein wundervolles Leben mit einer glücklichen Beziehung willst. Dafür muss sich jedoch dein Selbstbild im Unterbewusstsein (die Frau) ändern. Der emotionale Teil, das Unterbewusstsein, muss endlich nachgeben und sollte aufhören, so stur zu sein. Der Verstand (der Mann) will immerhin die glückliche Beziehung. Es geht also darum, Mann und Frau in Einklang zu bringen. Die 5% und die 95%. Das geht jedoch nur durch Wiederholung. Du bist also eifersüchtig, was sich durch die Angst äußert, er oder sie könnte dir fremdgehen, richtig? Es hämmert an der Tür deines Kellers. Dort unten im Keller oder im Unterbewusstsein ist vielleicht noch der Glaube verankert, dass du es nicht verdienst, geliebt zu werden, weil du glaubst, du bist nichts wert. Doch diesen Glauben hast du tief im Keller eingesperrt und willst ihn nicht rauslassen, weil es viel zu sehr wehtut. Es macht dir Angst, weil du gelernt hast, dass du dafür verurteilt werden könntest. Dennoch ist es ein Teil von dir! Der Glaube, dass du nichts wert bist, kann nicht einfach so ignoriert werden. Du musst es akzeptieren, um endlich Erlösung zu finden.

Der Raum deines Geistes

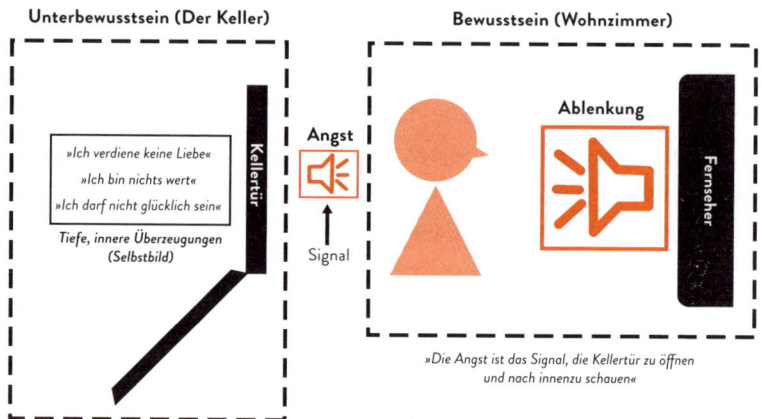

Die Angst macht Lärm, doch wir ignorieren sie und machen den Fernseher lauter.

Wie wir bereits vorher besprochen hatten, haben wir gelernt, so einige Gefühle zu unterdrücken. Alles, was du also tun musst, ist diese verdammte Kellertür zu öffnen. Hör auf dich abzulenken mit all dem Scheiß, den dein Partner oder deine Partnerin gemacht hat. Es interessiert nicht, ob er am Handy rumspielt und vielleicht mit jemand anderem schreibt oder dass sie gestern Abend mit ihren Mädels draußen war und dir nicht Bescheid gesagt hat. All der Schmerz, den du damit verbindest, dass sie dir fremdgehen könnte, liegt in dir! Du glaubst tief im Inneren, dass du es nicht verdienst, geliebt zu werden, doch zwischen deinem Selbstbild im Unterbewusstsein und dir liegt eine Tür. Eben diese Tür gilt es, nun zu öffnen.

Der Weg und der große Schlüssel, um dein gesamtes Leben zu verändern, ist Achtsamkeit. Der Fokus auf das, was wirklich zählt. Deshalb lass uns über die mächtigste Waffe sprechen, die du in deinem Besitz hast. Es ist deine Achtsamkeit. Erst, wenn du beginnst, die Dinge bewusst wahrzunehmen, hast du die Macht, dein Leben zu verändern.

KREATIV VS. REAKTIV

Um im Leben wirklich erfolgreich in deiner Beziehung und auch gleichzeitig in allen anderen Bereichen zu sein, kommst du in keinem Fall daran vorbei, Achtsamkeit zu üben. Das bedeutet, in der Stille zu verweilen und zu lernen, wie man beobachtet. Denn es geht immer nur um Beobachtung. Du kannst nichts reparieren, was du nicht kennst, deshalb geht es erst einmal darum, zu lernen, was du überhaupt reparieren willst. Dafür musst du aber richtig zuhören. All deine Gefühle und Gedanken schlagen nur aus einem Grund so aus, und zwar weil du ihnen nicht wirklich zuhörst. Dein State ist unberechenbar, je nachdem was ihn aktiviert. Da ist eben der Unterschied zwischen kreativ und reaktiv. Wenn du einen kreativen Geist hast, dann nimmst du deine Situation und kannst sie umformen, bist du jedoch im reaktiven Modus, dann reagierst du nur auf dein Umfeld. Damit du also nicht mehr ein Opfer deines Umfeldes, sondern vielmehr zum Schöpfer deines Umfeldes wirst, lass uns ein wenig über deine Macht der Aufmerksamkeit sprechen.

Das hier wird dir sehr gefallen, denn es wird dir erklären, warum du nicht nur in Beziehungen, sondern in deinem ganzen Leben so gehandelt hast, wie du es bisher gemacht hast. Mach dich also bereit für eine kleine Erleuchtung. Wir hatten ja bereits angesprochen, dass du als kleines Kind wie ein leeres Gefäß warst, in das man alles reinwerfen konnte. Dort hast du bestimmte Erfahrungen gemacht, die du mit Schmerz oder Belohnung verbunden hast. Nehmen wir als Beispiel mal, wenn du als Baby geweint und gejammert hast, was ist dann passiert? Vielleicht ist deine Mutter gekommen und hat dir die Brust gegeben. In dem Kopf eines Kindes ist das die absolute Belohnung. Nun hat eine Assoziation, also eine Verbindung in deinem Gehirn stattgefunden. Diese lautet:

Weinen = Mutters Brust = Belohnung. Damit hast du im Laufe deiner Babyphase verinnerlicht, dass sich dir jemand annimmt, wenn es dir nicht gut geht. Oder du hast bestimmt auch bestimmte Schmerzerfahrungen gemacht. Die wenigsten Kleinkinder glauben ihren Eltern, wenn sie sagen: »Fass nicht auf die Herdplatte, du verbrennst dich.« Viele fassen trotzdem hin, meistens aber nur einmal, weil sie dann eine sehr intensive Schmerzerfahrung, eventuell sogar mit einer richtigen Verbrennung, gemacht haben.

So hast du nun über dein ganzes Leben Erfahrungen gesammelt, die du mit Schmerz und Belohnung verbunden hast, und zwar emotional, also in den 95% deines Gehirns. Deinem Unterbewusstsein. Sobald du jedoch in die Pubertät kommst, werden besonders die 5% deines Bewusstseins aktiv, und du hast keinen Überblick mehr über all die Programme, die in deinem Unterbewussten sitzen. Vielleicht haben deine Eltern andauernd über Geld gestritten, dann wirst du eben Geld mit Schmerz verbunden haben, ohne dass es dir später klar sein wird. Dennoch wird es dich sehr stark in deinem Verhalten zu Geld beeinflussen. Möglicherweise hat deine Mutter dich allein im Kindergarten gelassen, und du hast dies ebenfalls mit starkem Schmerz verbunden. Nun wirst du in Zukunft unfassbar große Angst davor haben, verlassen zu werden, ohne dass es dir »bewusst« ist.

Es ist für mich immer wieder faszinierend, wie andere verrücktspielen, wenn sie Süßigkeiten in die Finger bekommen. Ich kann Schokolade überhaupt nicht leiden. Vermutlich liegt das daran, dass meine Eltern mir nie, wirklich nie, Süßigkeiten gegeben haben, als ich klein war. Jedes Mal, wenn ich das erwähne, sind alle schockiert. Doch daran kann man sehen, wie stark solche Belohnungsprogramme in unserem Unterbewusstsein verankert sind. Wenn wir etwas daran ändern wollen, müssen wir es an die Oberfläche holen. Das geht jedoch nur, wenn wir unsere eigenen Muster erkennen. Der erste Schritt dorthin ist, zu verstehen, dass diese Muster durch die Kombination von Denken, Fühlen und Handeln entstehen und dass du eben nicht Denken, Fühlen und Handeln bist.

Die Story bist nicht du. Du bist vor allem das *Sein* im Selbstbewusstsein. Dein Selbst ist der Charakter, den du durch das *Sein* erschaffen hast. Deine Gedanken und Gefühle sind deine Werkzeuge. Wir Menschen lernen am meisten in unserem Leben durch Imitation. Das wurde bereits bewiesen anhand des Lächelns von Säuglingen. Neugeborene fangen bereits wenige Wochen nach der Geburt an, zu lächeln. Man hat herausgefunden, dass sie dabei zunächst einfach das Gesicht der Mama imitieren. Und erst später das Gefühl hinzukommt. Gleichzeitig neigen wir dazu, die Storys von anderen zu übernehmen, ohne zu hinterfragen, ob sie wirklich zu uns passen. Schau dich mal genauer um, wenn du durch die Stadt läufst: Fast jeder Mensch fällt in ein gewisses Muster, hat einen bestimmten Habitus. Er kleidet sich auf eine bestimmte Art und Weise, redet in einer bestimmten Form und benimmt sich auch so. Das liegt daran, dass dieser Mensch sich mit einer Figur identifiziert, einem Vorbild.

Doch manchmal trifft man Menschen, die einen sofort faszinieren, weil man sie nicht in eine Schublade stecken kann. Sie sind im wahrsten Sinne des Wortes sie selbst. Sie haben die Macht der Kreation verstanden und sind aus dem Zwang der Reaktion ausgebrochen. Du kannst ebenfalls aus deiner Story, die du momentan in deinem Kopf hast, ausbrechen und zu einer ganz eigenen Figur werden. Im Bereich der Beziehungen willst du natürlich ein Mensch werden, der besonders anziehend ist. Wir werden also nun gemeinsam lernen, wie du dein Selbstbild komplett umformen kannst, indem du selbst entscheidest, wer du wirklich sein willst, nicht indem es dir die Gesellschaft oder sonst wer vorgibt.

Momentan hast du vielleicht ein gewisses Bild von dir. Vielleicht bist du der »Nerd« oder der »Macho« oder die »Liebevolle, die alles für andere tut«. Du wirst nun aber die Möglichkeit erhalten, jemand völlig Neues zu sein, wenn du genau das tust, was du gleich liest. Eines muss dir jedoch vorher klar sein: Wenn du jemand anderes wirst, dann muss der Charakter, den du jetzt hast, sich verabschieden, und das kann manchmal sehr schmerzhaft sein. Wenn du also plötzlich Millionär werden willst, obwohl du immer geglaubt hast, dass du ein unfassbar armer Tropf bist, dann wird es dir wehtun, deine Story, also dein Selbstbild, zu ändern, auch wenn du es nicht glaubst. Der Grund dafür ist, dass du deine aktuelle Story immer mit Belohnungen verknüpfst. Du glaubst, wenn du so bleibst, wie du jetzt bist, hast du das meiste davon. Zum Beispiel willst du bei deinen Freunden nicht anecken, wenn du plötzlich eine andere Meinung vertrittst. Du hast das Gefühl, du wirst nur so anerkannt. Klar das Unterbewusstsein strebt immer nach dem einfachsten Weg der Anerkennung. Unser Unterbewusstsein hat folgende Bedürfnisse: Sicherheit, Abwechslung, Bestätigung und Verbindung. Ganz am Anfang als es um den Unterschied zwischen Liebe und Bestätigung ging, habe ich darüber geredet, wie schnell man vom Weg abkommen kann und sich nach Bestätigung sehnt, nur um seine Bedürfnisse zu befriedigen. Wir gehen für diese Bedürfnisse unglaublich weit, sogar so weit, dass wir uns selbst das Leben nehmen wollen, weil wir uns nicht dessen bewusst sind, was uns eigentlich antreibt. Deshalb lass uns ein bisschen näher darauf eingehen, gleich danach erkläre ich dir, wie du in den kreativen Bereich kommst, der dich zu einem neuen Menschen macht.

BEDÜRFNISSE

Wir haben also vier verschiedene Bedürfnisse, die uns in den Wahnsinn treiben können, wenn wir nicht vorsichtig damit umgehen. Sie sind oft der Grund für irrationales Verhalten. Der Klassiker: Du willst unbedingt jemanden kennenlernen, schaffst es aber noch nicht einmal, jemanden anzusprechen. Das Unterbewusstsein reagiert nicht logisch oder vorausschauend, sondern folgt der Belohnung und vermeidet den Schmerz. Was für dich genau Belohnung und was Schmerz ist, wurde seit deiner Kindheit geprägt. Aber jetzt hast du das Zepter in der Hand: Du kannst deine Wahrnehmung von Schmerz und Belohnung so verändern, wie du es möchtest. Denn wir haben noch zwei weitere Bedürfnisse: Wachstum und Beitrag. An sich selbst arbeiten und vorankommen, und es mit den anderen Menschen in deinem Leben teilen und genießen. So ähnlich wie Arbeit und Liebe, die ich bereits zuvor erwähnt habe. Die zwei Dinge, die uns wirklich messbar glücklich machen in unserem Leben.

Konzentrieren wir uns jedoch erst einmal auf die vier, die uns das Leben ein wenig schwer machen und finden wir heraus, warum dies so ist. Was ist der Grund, warum wir uns immer noch an unser jetziges Leben klammern, anstatt ein neues Leben zu beginnen? Weißt du noch, wie ich gesagt habe, dass die Mutter dem Baby ihre Brust gibt, sobald es anfängt, zu weinen? Das Baby hat also Belohnung mit dem Weinen verbunden. Welches der vier Bedürfnisse also repräsentiert diese Belohnung? Es ist die Verbindung. Die Verbindung zu anderen Menschen, die Geborgenheit, dass man sicher ist. Damit wäre auch das Bedürfnis *Sicherheit* erfüllt.

Dieses Verhalten sehen wir oft auch an Erwachsenen oder an uns selbst. Beispielsweise, wenn sie nicht zurückschreibt, und er plötzlich tobt und versucht, sie zu finden, ihr eine Nachricht auf der Mailbox hinterlässt, ihren WhatsApp-Feed vollspammt, nicht aufhören kann an sie zu denken, bis sie ihm wieder ein Signal gibt, dass alles okay ist. Erst dann kann er wieder zur Ruhe kommen. Es gibt ihm Sicherheit. Wir verhalten uns also eigentlich immer noch wie kleine Kinder. Ein weiteres Beispiel wäre das Drama, das du machst, wenn er dir nicht genug Zeit schenkt. Du kennst es sicherlich, wenn du emotional aufgewühlt bist, gereizt bist oder sogar Tränen lässt, weil du gerade emotional nicht klarkommst. Nun bemerkt er das und kommt auf dich zu, um dich zu umarmen und dir Trost zu schenken. Nun hast du *Verbindung* gekriegt. Dasselbe ist es, wenn wir über andere lästern. Wir haben das Gefühl, zur Gruppe zu gehören, indem wir den anderen durch das Lästern ausschließen. Probiere mal Folgendes aus: Sobald all die anderen anfangen, zu lästern, unterbrich sie und frag, was das Ganze soll. Gib ihnen zu verstehen, dass du das nicht mehr machen willst. Du bist schneller weg vom Fenster, als du denkst. Hier geht es um Abhängigkeiten, um Süchte, die wir in uns haben, und wir mögen es nicht, wenn uns jemand diese wegnehmen will. Uns ist nicht bewusst, dass wir süchtig danach sind dazuzugehören, deshalb fallen wir so darauf rein.

Die meisten wissen, dass sie erst einmal einsam sein werden, wenn sie auf die Reise der Veränderung gehen, weil so viele Menschen in diesen alten Mustern gefangen sind. Sie sind der Abhängigkeit und den Illusionen verfallen. Wir sind ebenfalls lieber mit ihnen gemeinsam in dieser Abhängigkeit und Illusion als einsam in einem neuen Leben der Fülle. Ich bin das beste Beispiel dafür. Ich war lange Zeit kriminell und ein Junge von Straße, weil ich dadurch vermeintlich die Bestätigung bekommen habe, dass ich etwas wert bin. Das hat mir Sicherheit gegeben. Verändert habe ich mich auch lange Zeit nicht, denn dann hätte ich ja die Verbindung zu meiner Gruppe verloren. Abwechslung gab es auch, da wir immer wieder anderen Scheiß gebaut haben. Sobald zwei oder mehr dieser vier Bedürfnisse durch eine deiner Handlungen befriedigt werden, kannst du dir sehr sicher sein, dass dein Denken, Fühlen und Handeln danach trachten werden.

Ich war also so abhängig, dass ich vollkommen den Überblick verloren habe, und das wünsche ich wirklich niemandem. Ich möchte dir helfen, diese Muster zu hinterfragen. Der beste Weg dorthin ist, öfter mal zu fragen: Warum tue ich das eigentlich? Beispielsweise, wenn du lügst. Warum lügst du? Was bringt es dir? Welches Bedürfnis befriedigt es? Wenn du dich beispielsweise an jemanden klammerst, warum tust du es? Was bringt es dir? Was hast du davon, welches Bedürfnis fütterst du damit? Wenn dir jemand seine Liebe gesteht und du ihn wegstößt, was hat es damit auf sich? Was hast du im Keller weggesperrt, was nicht raus darf?

Ehrlichkeit dir selbst gegenüber wäre ein schnelles Gegenmittel für deine Abhängigkeiten. Einsicht ist der erste Schritt zur Besserung, wie man so schön sagt. Sobald du also das *Warum* hinter deinen Aktionen verstehst, so verstehst du die Botschaft hinter der Botschaft. Unser Gehirn nimmt unterbewusst sehr viel mehr wahr als unser Verstand. Das Unterbewusstsein verarbeitet 80.000 Informationen pro Sekunde und ist damit 10.000-mal schneller als dein Verstand. Unterbewusst nehmen wir also die Botschaft hinter der Botschaft immer wahr. Das ist der Grund, warum wir bei manchen Menschen so ein mulmiges Gefühl haben. Das Unterbewusstsein hat schon längst gemerkt, dass hier irgendetwas nicht stimmt.

Ein guter Weg, um in Zukunft besser damit umzugehen, wenn Impulse in dir ausschlagen, ist es, eine Pause zu machen. So gut wie jeder Mensch trägt ein Handy in seiner Tasche, und es kann ein hilfreicher Freund sein, wenn man es richtig nutzt. Zum Beispiel, wenn du aufhören möchtest, zu rauchen. Rauchen ist ein krasses Belohnungsmittel, gleichzeitig verspüren Süchtige sofort den Schmerz, wenn sie aufhören. Wenn du jedes Mal sagen musst »Ich will nicht rauchen, ich will nicht rauchen, ich will nicht rauchen«, dann bist du den ganzen Tag voll drin in diesem Schmerz. Du solltest versuchen, kreativ zu werden und den Schmerz umzupolen, bis er eine Belohnung ist. Begegne deinem Impuls, dir jetzt eine Zigarette anzuzünden, nicht mit Verachtung, sondern mit Neugier. Versuche, diesen Impuls ganz bewusst wahrzunehmen. Nimm dein Handy aus der Tasche und stelle einen Timer auf zehn Minuten ein. Sag dir folgenden Satz vor: »Ich kann dem Verlangen nachgehen, wenn ich will. Es ist überhaupt nichts Schlimmes daran, aber ich tue es erst in zehn Minuten.« Starte den Timer und beobachte nun dein Gefühl für die nächsten zehn Minuten. Das Schöne an Emotionen ist, dass sie nicht länger als zwei Minuten halten. Je öfter du das Ganze machst, desto mehr konditionierst du deinen Geist und deine Gefühle so um, dass es eine Belohnung ist, wenn du diesen Impuls hast.

Doch nun zurück zum Thema. Sollte der Fall eintreten, dass dein Verstand und dein Herz nicht zusammenarbeiten, dann ist das ein Zeichen dafür, dass du nicht weißt, wer du bist. Wenn du nicht weißt, wer du bist, dann wirst du dir andere suchen, die für dich entscheiden, wer du bist.

Du lässt dich sozusagen steuern. Deshalb sagt man so schön: »Durch Angst kannst du Menschen lenken.« Wenn du jedoch nicht weißt, wer du bist, dann können wir nicht von *Selbstbewusstsein* sprechen. Es geht also unbedingt darum, dass du verstehst, wie du funktionierst. Bis hierhin hast du hoffentlich verstanden, dass du lernen musst, Verstand und Herz, also Bewusstsein und Unterbewusstsein in Einklang zu bringen. Sollten diese beiden auseinandergehen, entsteht ein Krater. Je nachdem wie groß der Krater ist, fallen wir in Abhängigkeiten. Diese Abhängigkeiten sind vor allem mit den vier Bedürfnissen verbunden. Sicherheit, Abwechslung, Bestätigung und Verbindung. Wenn du also glaubst, dass dieses ewige Streiten, Davonlaufen und

Sich-wieder-Versöhnen Ausdruck wahrer Liebe ist, dann hast du dich leider vertan, doch das macht nichts. Wir sitzen alle im selben Boot, also lass uns über die andere Seite sprechen, und zwar Fülle, sowie die anderen beiden Bedürfnisse, die damit verbunden sind. Wachstum und Beitrag.

DEIN NEUES ICH

Wenn sie Schluss machen will, dann lass sie doch. Wenn er fremdgehen will, dann lass ihn doch. Wenn sie glauben, dass wäre das Beste für sie, dann sollen sie es doch tun. Es gibt noch genug andere Menschen da draußen, die auf dich warten und Zeit mit dir verbringen wollen, stimmt's? Alles, was dazu nötig ist, ist etwas Zeit für neue Kennenlernphasen. Wen interessiert es, ob er oder sie nicht mehr zurückschreibt? Warum ist es dein Problem, wenn sie sagen, dass sie nichts mehr für dich fühlen? Alle Menschen dort draußen haben absolut gar nichts damit zu tun, wer du bist. Dein Leben ist dein Leben. Es ist deine Mission, nicht ihre. Du bist in deinem Zug, der gerade Richtung Zielort rast. Manchmal kommen Menschen in dein Leben, die auf derselben Strecke sind und dann irgendwann aussteigen. Das ist völlig in Ordnung. Dann lass sie gehen. Es ist nicht deine Sache. Hör auf, deinen Zug ständig zu bremsen, nur weil jemand für eine Haltestelle mitfahren möchte. Dieser Zug fährt in Richtung Erfüllung, und nur weil er plötzlich vergessen hat, dir eine Antwort per WhatsApp zu schicken, wird dieser Zug ganz bestimmt nicht anhalten. Denn jedes Mal, wenn er anhält, braucht er wieder mehr Energie zum Anfahren, und das ist auf Dauer verdammt anstrengend. Deshalb lass den Zug endlich rollen.

Dafür brauchst du allerdings zuerst eine Bestimmung. Ein Ziel, das du anpeilen kannst. Einen Endbahnhof, an dem der Zug anhalten kann. Ein neues Ich, das größer ist als dein jetziges. Eine neue Version von dir selbst, die dich wirklich einschüchtert. Was wünschst du dir in deinem Leben? Stell dir vor, du bist wieder ein Kind und kannst dir alles wünschen, was du willst. All das wird in Erfüllung gehen. Stell dir vor, die Welt ist eine Box, aus der du einfach nehmen kannst, was du willst.

Es ist eine Wunsch-Box. Nimm dir die gewagteste Vorstellung von dir, die es in deiner Vorstellungskraft gibt. Vielleicht scheint diese Vorstellung noch zu groß für dich im Moment. Mag sein, dass du glaubst »Das Leben ist kein Wunschkonzert«, doch das ist ein perfektes Beispiel dafür, wie konditioniert unser Geist ist. Dieser Satz mit dem Wunschkonzert kommt nämlich aus dem Unterbewusstsein. Das sind Dinge, die uns unsere Eltern beigebracht haben.

Tief im Herzen wollen sich deine Inspiration und deine wahre Liebe endlich ausdrücken. Deine Fantasie will gelebt werden, doch dein Verstand unterdrückt sie. Solange das der Fall ist, wirst du nie deine Träume wahrmachen können, also lass uns deinen Geist umkonditionieren. Es mag sein, dass es dir ein mulmiges Gefühl bereitet, über deine Traumvorstellung nachzudenken: Wie du in einer schicken Villa sitzt, mit einem Haufen Angestellten, einer tollen Frau, die dir jeden Wunsch von den Augen abliest, mit einem Lamborghini in der Garage und einem Privatjet am Flughafen. Unvorstellbar, oder? Für einen konditionierten Verstand schon.

Für einen reaktiven Verstand, auf jeden Fall. Für einen freien und inspirierten Verstand, der mit seinem Unterbewusstsein im Einklang ist, jedoch auf keinen Fall. Was denkt sich nämlich ein konditionierter Verstand? Das kann man doch nicht machen. Angestellte? Ein Jet? Dafür sollte man sich schämen, wenn man so einen Lifestyle repräsentiert. Das ist doch Ausbeutung! Das ist eben das Heuchlerische und Verleugnende in uns. Eigentlich wollen wir ein viel schöneres und erfüllteres Leben, als wir es jetzt haben, doch der Verstand will es uns nicht zugestehen. Wir könnten von der Gesellschaft beneidet werden, also müssen wir uns einfach mit weniger zufrieden geben, doch das ist absoluter Unsinn. Trau dich einfach! Setz dich für einen Moment hin und versuche, dir dein Wunschszenario zu vorzustellen. Lass es wie einen Film vor deinem geistigen Auge ablaufen. Fühle dich hinein, als ob es jetzt gerade in diesem Moment geschehen würde. Sobald dein Verstand sich einschaltet und sagt »Ah, das ist doch Unsinn«, kehre einfach wieder zum Bild zurück. Nimm dir ein paar Minuten dafür Zeit und lies erst dann weiter.

Jetzt gibt es folgende Optionen. Entweder:

- Du hast es nicht gemacht.
- Du hast es gemacht, doch du konntest dir nichts vorstellen.
- Du hast es gemacht, konntest es dir vorgestellt und hast es gefühlt.

Wenn du es nicht gemacht haben solltest, dann setz dich wieder hin und zieh es durch. Sollte es trotzdem nicht funktioniert haben, dann verzweifle nicht. Es braucht ein bisschen Übung, wenn der Verstand schon so verhärtet ist, dass du kaum noch zu träumen wagst. Du solltest deine Vorstellungskraft immer wieder trainieren, um deine kreative Gehirnseite zu stärken, damit Logik und Kreativität zusammenarbeiten können.

Solltest du es jedoch geschafft haben, so hast du mit Sicherheit bemerkt, dass durch die Bilder eine Emotion ausgelöst wurde. Bestimmt war es ein überwältigend schönes Gefühl. Als ob es wahr wäre. Das Gefühl von Zufriedenheit. Als wärst du bereits angekommen. Vielleicht dämmert dir bereits, worauf ich hinauswill. Alles, was wir in unserem Leben machen, machen wir doch eben wegen diesem Gefühl, oder? Warum willst du eigentlich all das Geld, die Frau, den Mann, das Auto und all den Kram? Weil du glaubst, dass am Ende ein Gefühl der Erlösung auf dich wartet, stimmt's? Das Gefühl hattest du aber gerade eben. Du hast es vollkommen selbst erschaffen. Du hast kein Haus, kein Geld oder sonst was dafür gebraucht. Dieses Gefühl ist dein State. Es ist dein momentaner Zustand, und du hast ihn selbst kreiert. Dieser State ist deine Ausstrahlung, und jetzt ein kleines Geheimnis am Rande:

Das, was du ausstrahlst, ziehst du an. Auch wenn du vielleicht nicht wirklich daran glaubst, sobald du dich mit sehr erfolgreichen Menschen unterhältst, wirst du sehr schnell bemerken, dass diese Menschen über Energien, Anziehung und all diese Dinge sprechen. Denn das Gefühl ist der Glaube. Es ist das Herz. Der Verstand ist das Wissen. Wissen kannst du nur über Dinge haben, die du bereits kennst. Glauben hast du an Dinge, die dir noch unbekannt sind. Der Glaube geht immer vor. Der Verstand kommt nach. Wenn du daran glaubst, auf den Mond zu fliegen, dann wirst du mit deinem Verstand einen Weg dafür suchen. Wenn du jedoch erst einmal mit deinem Verstand *wissen* musst, dass es möglich ist, dass man auf dem Mond fliegen kann, dann wirst du niemals losgehen und es versuchen, sondern erst mal warten, bis es dir jemand vorgemacht hat. Alles beginnt also mit dem Glauben, dem Gefühl, dem State, in dem du dich momentan befindest. Je nachdem wie groß dein Glaube an die Zukunft ist, desto besser kann sich dein Potenzial entfalten. Ein stärkerer Glaube bedeutet gleichzeitig mehr Möglichkeiten. Wenn du nämlich nicht daran glaubst, dass du den Mann deines Lebens finden kannst, dann wirst du auch nicht die Möglichkeiten wahrnehmen, um es zur Realität zu machen. Diese Möglichkeiten sind also deine Aktionen. Was du glaubst, eröffnet neues Potenzial, neue Chancen. Wenn du die Chancen ergreifst, kommt es zu bestimmten Ergebnissen. Zum Beispiel zum ersten Date oder zu einer neuen Handynummer. Das bestärkt wiederum deinen Glauben, und das Ganze geht von vorne los. Dies ist also ein Kreislauf, der sich selbst befeuert, man könnte auch Loop sagen.

Der Feedback-Loop

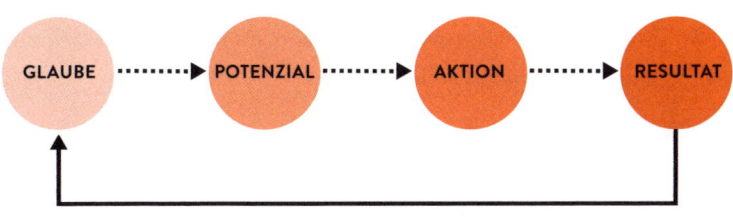

Vervielfachung (z.B. x10)

Jetzt stellt sich die Frage, was du glaubst und wovon dein Glaube abhängig ist. Da kommt das Gefühl ins Spiel. Wie gut kannst du deinen Glauben durch deine Gefühle steuern? Das ist die State-Kontrolle. Denn das Gefühl geht voran, dann kommt der Verstand und zieht nach. Die 95% gehen los, und dann kommen die 5%, um nachzurichten. Die meisten dort draußen machen es jedoch genau andersherum, sie versuchen, mit den 5% loszulaufen, obwohl ihre 95% gar keine Lust haben. Das kostet sie jedoch enorm viel Willenskraft. Wie in dem Beispiel mit dem Reiter und dem Elefanten. Der Reiter auf dem Elefanten sagt, »Lass uns nach links gehen«, doch der Elefant geht einfach nach rechts. Wieso will der Elefant nicht hören? Wieso macht das Unterbewusstsein nicht das, was es eigentlich soll? Ganz einfach, weil es nur durch Wiederholung lernt.

Wiederholung bedeutet Konditionierung. Nehmen wir uns beispielsweise mal einen Satz wie »Ich bin wundervoll«. Das reicht jedoch noch nicht. Wir brauchen noch einen State, der dazupasst. Ein Bild und eine Vorstellung mit diesem Bild. Beispielsweise, wie dich der Mann deines Lebens umarmt. Das Gefühl, wenn er dich vollkommen liebt und dir sagt, dass du die schönste Frau und das wertvollste Geschenk für ihn bist. Oder die Vorstellung davon, wie dich die Frau deines Lebens anlächelt und dir sagt: »Du bist wundervoll.« Was für ein Gefühl wird in dir ausgelöst, wenn du dieses Bild vor Augen hast? Ein Gutes? Wunder-

bar. Dann hast du soeben einen ganz eigenen State geschaffen. Du hast entschieden, was du in diesem Moment fühlst. Das reicht jedoch noch nicht. Damit dieser State sich festigen kann, muss er erst einmal durch die folgenden vier Phasen gehen:

Nicht wissen, dass man nicht weiß

Am Anfang ist uns nicht einmal klar, dass es etwas nicht gibt. Vor hundert Jahren hättest du noch gar nicht darüber nachgedacht, dass es irgendwann einmal Handys geben könnte. Im Laufe der Jahrzehnte jedoch entwickelte sich die Technik immer weiter, sodass die Idee des Handys immer realer wurde. Genauso ist es mit der höchsten Version von dir selbst. Bevor du dieses Buch gelesen hast, wusstest du nicht einmal, dass es so etwas wie einen State gibt. Durch die Informationen über dein Unterbewusstsein und deinen State bist du nun aber einer oder eine der wenigen, die sehr viel mehr Wissen über sich selbst haben, um wirklich etwas daran zu ändern. Während andere immer noch glauben, dass sie absolut keine Kontrolle über ihr Leben haben und dass andere dafür verantwortlich sind wie beispielsweise die Gesellschaft oder ihre Eltern. Um etwas zu ändern, muss man also zuallererst einmal wissen, dass man etwas nicht weiß. Nur wenn man weiß, dass man etwas nicht weiß, kann man sich Informationen einholen und dieses Unwissen beseitigen logisch.

Wissen, dass man nichts weiß

Sokrates sagte einst: »Ich weiß, dass ich nichts weiß«. Das ist das Stadium der bewussten Inkompetenz, der Moment, in dem du realisierst, wie viel dir noch offensteht. Die meisten Menschen sind verschlossen in ihrem Geist. Sie glauben, dass die Reise zu Ende ist. Schule, Studium,

Ausbildung, Arbeit – das war's. Du hast deinen sogenannten *Abschluss*, in dem das Wort *Schluss* bereits enthalten ist, doch das ist nur ein reines Hirngespinst. Jetzt geht es erst richtig los. Die Reise deines Lebens ist unendlich, und das ist dir sicherlich inzwischen klar. Wenn du mal auf die Sprache der Menschen mit einem verschlossenen Geist hörst, dann wirst du bemerken, dass sie Dinge sagen wie: »Ich kann das nicht.« Ihre Aussagen haben immer einen Punkt am Ende. Ihr Mindset ist fix. Menschen aber, die erfolgreich sind, haben immer ein Fragezeichen am Ende: »Wie kann ich das schaffen?« Sie verstehen, dass, wenn du aus dem Flugzeug springst und niemals einen Fallschirm öffnest, jede Landung schmerzhaft wird. Sie verstehen, dass ein Fallschirm *nur dann* funktioniert, wenn er offen ist, ebenso wie dein Geist. Nur, wenn er offen für Neues ist, dann funktioniert er auch. Selbst wenn du noch nicht wirklich weißt, wie du richtig landen sollst, bist du nun in der bewussten Inkompetenz. Dir ist klar, dass du immer bei null bist und dir vieles offensteht. Das ist der Ort, an dem du am meisten Spaß hast, weil du auf Entdeckungstour gehen kannst.

Wissen, dass man weiß

Bruce Lee hat einmal gesagt: »Ich fürchte nicht den Mann, der 10.000 Kicks einmal geübt hat, aber ich fürchte mich vor dem, der einen Kick 10.000-mal geübt hat.« Erst Qualität, dann Quantität. Der Fokus richtet sich auf eine einzige Aufgabe, die wir ständig wiederholen, und so gelangen wir langsam zur Meisterschaft. Anfangs also solltest du ganz bewusst auswählen, worauf du dich fokussieren willst. Wenn es Schokolade essen ist, dann ist die Qualität nicht besonders hilfreich für dein Leben, ebenso wenig wie am Handy rumzuspielen. Die meisten sind nur so gut darin, weil sie es so oft wiederholen. Deshalb fällt es ihnen leicht, diese Dinge zu tun. Ich finde, du solltest deinen Fokus auf schwierige

Dinge wie Sport oder Erfolg legen. Deshalb ist es immer zuerst eine Frage der Qualität. Was willst du nun ständig wiederholen?

Denke mal zurück, als du deinen Führerschein gemacht hast. Auto fahren zu lernen, ist extrem schwierig und anstrengend. In den Fahrstunden hat man immer das Gefühl, man muss an tausend Dinge gleichzeitig denken. Kupplung, schalten, Kupplung langsam loslassen, blinken, Schulterblick usw. Aber wenn man erst mal ein paar Wochen gefahren ist, werden diese Dinge selbstverständlich, und man muss gar nicht mehr darüber nachdenken. Zuerst braucht es Disziplin, dann wird etwas zur Gewohnheit. Das ist das Wundervolle an unserem System. Denn, wenn du etwas oft genug wiederholst, wandert es schlussendlich in das Langzeitgedächtnis oder ins Unterbewusstsein.

Nicht mehr wissen, dass man weiß

Irgendwann ist das Autofahren ein Vorgang, der völlig automatisiert abläuft. Du brauchst nicht weiter darüber nachzudenken. Alles, was du tun musst, ist zu *sein*. Das Schöne daran ist, dass, wenn du *bist*, dann ist es nicht anstrengend. Es braucht keine Willenskraft mehr. Es ist völlig einfach. Mehr noch, das Autofahren wird dir jetzt richtig Spaß machen.

Jetzt kannst du all die Energie, die frei geworden ist, dazu nutzen, um neue Dinge zu erlernen. Dein Unterbewusstsein hat so über dein ganzes Leben hinweg eine Menge Dinge durch Wiederholung abgespeichert. Dazu gehören auch Gedanken wie zum Beispiel »Ich bin nicht gut genug.« oder »Ich kann das nicht.«. Das, worauf du deinen Fokus richtest, wird zur Wahrheit werden im Unterbewussten. Deshalb ist es so wichtig, dass du verstehst, wie du den Zoom deines Unterbewusstseins richtig einstellst. Unser Geist hat nämlich eine kleine Fehlfunktion. Oder besser gesagt: Wir haben das Betriebssystem nicht so richtig verstanden. Fokus ist nämlich Fokus, und es spielt eine große Rolle, wie du deine Sätze formulierst. Wo ist der Unterschied zwischen den folgenden zwei Sätzen?

»Ich will dieses Spiel nicht verlieren.«

»Ich gewinne dieses Spiel mit Sicherheit.«

Der erste Satz beinhaltet ein »nicht«. Also, worauf fokussierst du dich? Welches Bild hast du im Kopf, wenn du diesen Satz sagst? Ganz genau. Du zoomst das Verlieren ganz nah heran. Das ist dann die Botschaft hinter der Botschaft, über die wir bereits geredet haben. Ich glaube, die meisten Menschen haben ihren Fokus darauf ausgerichtet, bloß nicht zu verlieren. Das merkt man daran, dass sich ganz viele ständig mit anderen vergleichen. Was passiert, wenn du dir den ganzen Tag andere erfolgreiche Menschen im Internet ansiehst? Du vergleichst dich und kommst zu dem Schluss, dass du hoffnungslos hinterherhängst.

So konzentrierst du dich allerdings immer nur auf die Verneinung. Auf das, was du nicht kannst oder nicht bist. Du fühlst dich permanent minderwertig, und dieses negative Gefühl wird in deinem Unterbewusstsein fest verankert. Das Gleiche passiert auch, wenn du ständig denkst: »Ich will *nicht* allein sein.« Welche Bilder schickst du deinem Unterbewusstsein? Exakt. Die Bilder von Einsamkeit. Also macht dein Unterbewusstsein einfach seinen Job. Es sorgt dafür, dass du einsam bist. Wer du jetzt in diesem Moment bist, hast du dir selbst antrainiert. Alles, was du nun tun musst, ist, es wieder zu verlernen. Deshalb solltest du ab heute die Verneinungen aus deinen Gedanken entfernen. Versuche, alle deine Gedanken positiv zu formulieren. Wenn du so etwas sagst wie »Ich habe keine Angst, Fehler zu machen«, dann hast du dich genau darauf fokussiert. Auf die Angst, Fehler zu machen. Sobald du jedoch den Satz umformulierst zu »Ich habe den Mut, neue Erfahrungen zu machen«, richtest du deinen Fokus auf eine positive Emotion wie Mut, die gleichzeitig mit Erfahrungen statt Fehlern verknüpft ist. Negative Beispielsätze wären:

- Sie ist die Richtige.
- Ich kann ohne sie nicht leben.
- Er ist der Einzige, der mich glücklich machen kann.
- Ich habe einen Fehler gemacht.
- Ich vermisse ihn viel zu sehr.
- Mein Leben hat ohne ihn keinen Sinn mehr.

Positive Beispielsätze wären:
- Ich habe einen überzeugenden Charme.
- Ich bin offen für neue Erfahrungen.
- Ich genieße die Reise meines Lebens.
- Ich strahle Liebe aus.
- Ich interessiere mich für mein Gegenüber.
- Ich nehme mein Leben selbst in die Hand.

EINEN ANKER SETZEN

Es geht also darum, eine Idee zu Materie zu machen. Die Vorstellung von einem überzeugenden, charmanten und erfolgreichen Ich zu der Realität zu machen, die du hören, sehen und anfassen kannst. Nehmen wir Beispielsweise mal Wasser. Wenn du es erhitzt, dann verdampft es. Sobald du es jedoch wieder abkühlst, wird es flüssig. Kühlst du es noch weiter ab, dann wird es zu Eis und verhärtet sich. Wasser kommt also in verschiedenen Aggregatzuständen auf der Erde vor. Das ist ein schönes Symbol für die Gefühle von uns Menschen. All die Menschen, die dich umgeben, sind in einem ganz bestimmten Gefühlszustand. Deine positiven Gedanken könnte man mit dem Dampf vergleichen. Sie beeinflussen die Emotionen, die hier durch das Wasser symbolisiert werden sollen. Deine Gefühle werden irgendwann zur Realität, das wäre das Eis. Feste Materie, die man anfassen kann. Dasselbe ist es mit deinem State. Du kannst ihn gezielt beeinflussen durch deine Gedanken, die wiederum ein Gefühl auslösen. Und das Gefühl bestimmt das Sein. Wichtig ist, wie wir weiter vorne gesehen haben, die Wiederholung. Steter Tropfen höhlt den Stein. Deshalb brauchst du dir auch nicht die Frage stellen, wann du damit anfangen sollst. Am besten sofort! Deine Gedanken kannst du immer positiv wenden. Damit du jedoch einen klaren Überblick hast, lass uns das Ganze Schritt für Schritt durchgehen.

Erster Schritt – die Vision

Um etwas zu manifestieren, brauchst du zuallererst die Vision. Das Bild von dir selbst, worüber wir kurz zuvor gesprochen haben. Die Vorstel-

lung, wie sie dir einen Kuss gibt oder er dich in den Arm nimmt. Dabei ist es wichtig, dass du dir dieses Bild so detailliert wie möglich vorstellst. Am besten, du versuchst, in Gedanken einen Film zu drehen. Versetze dich in eine gewünschte Situation und verbildliche sie vor deinem geistigen Auge, als würde sie gerade *jetzt* stattfinden. Achte dabei auf deine Umgebung. Stelle dir folgende Fragen:

- Ist es laut oder leise?
- Ist es warm oder kalt?
- Ist es hell oder dunkel?
- Bin ich allein oder mit anderen?
- Ist es in einem Raum oder außerhalb?
- Wie ist das Gefühl, das ich habe?
- Wenn ich dem Gefühl eine Farbe geben müsste, welche wäre es?

Wenn es dir gerade schwerfällt, eine Vision zu erschaffen, dann stelle dir vorher folgende Fragen, ohne dass dein Verstand dazwischen quatscht. Versuche, nur auf dein Herz zu hören. Stell dir vor, du hast eine Wunschkiste und darfst alles, wirklich alles daraus haben, was du möchtest. Sei der Regisseur deines Lebens! Denke nicht zu lange nach, sondern versuche, deine erste Assoziation aufzuschreiben.

Schreibe deinen Lifestyle auf:

1. *Wo lebst du?*

_____

_____

_____

2. In welchem Haus lebst du?

_____

_____

_____

3. Welches Auto fährst du?

_____

_____

_____

4. Wie viel Geld verdienst du jährlich?

_____

_____

_____

5. Wie verdienst du dieses Geld?

_____

_____

_____

6. Welche Art von Beziehung führst du?

_____

_____

_____

7. Wie sehen dich die anderen Menschen, und wie reden sie über dich?

_____

_____

_____

8. Wie sieht dein Körper aus?

_____

_____

_____

9. Welche Klamotten trägst du?

_____

_____

_____

Sobald du diese Fragen beantwortet hast, wird es dir leichter fallen, dir dein eigenes Selbst vorzustellen. Wenn es also so weit ist und du fertig bist, setze dich einmal hin, kehre zu den vorigen Fragen zurück, schließe deine Augen und beginne den Prozess.

Zweiter Schritt – der Anker

Nun, wo du das Bild und das Gefühl hast, geht es darum, das Gefühl zu verankern. Dafür brauchst du deinen Zeigefinger und deinen Daumen. Wenn du dem Gefühl eine Farbe gegeben hast, dann stelle dir mit geschlossenen Augen vor, wie es immer größer und intensiver wird, während du von fünf bis null runterzählst. Also fünf, und es ist noch im neutralen Zustand. Vier, und es verstärkt sich um das Doppelte. Drei, und es vervielfacht sich noch einmal ein ganzes Stück. Zwei, und jetzt nimmt es das gesamte Bild und sogar noch mehr ein. Eins, und das Gefühl ist bereits überwältigend. Wenn du bei null angekommen bist, drücke den Zeigefinger und den Daumen zusammen. Halte ein bisschen inne, öffne dann die Augen und löse die Finger. Du hast soeben einen eigenen Trigger erzeugt. Einen Anker für dein gewünschtes Gefühl. Jetzt geht es darum, dieses Gefühl zu festigen.

Dritter Schritt – die Festigung

Wir werden ständig getriggert und fallen dann in ein emotionales Loch, ohne dass es uns bewusst ist. Du hast soeben einen Trigger erschaffen, der dir selbst gehört und nicht von anderen ausgelöst wird. Ein Trigger wäre beispielsweise, wenn er wieder nicht zurückschreibt. Das löst automatisch dieses emotionale Muster in dir aus, welches dich unruhig werden lässt und dich dazu zwingt, reaktiv zu sein. Seine Handlung löst also immer die gleiche Emotion in dir aus. Wenn das oft genug passiert, wird das Gefühl fest in dir verankert, es wird zu deinem Sein. Dein Seinszustand wäre in diesem Fall ziemlich miserabel. Deshalb geht es darum, diese emotionalen Muster zu unterbrechen und neue Muster zu installieren.

Versuche eine Zeit lang mehrmals täglich, die Ankerübung, wie ich sie gerade beschrieben habe, durchzuführen. Durch das Zusammenpressen der Finger und das Ausbreiten eines guten Gefühls schaffst du eine neuronale Verbindung. Diese ist jedoch noch ziemlich schwach. Damit sie gefestigt werden kann, ist es wichtig, dass du mehrmals am Tag, am besten stündlich, deine Finger zusammenpresst, um in den State zu kommen. Dazu solltest du jedes Mal, wenn du merkst, dass du so langsam in ein emotionales Tief gerätst, deinen Gefühlszustand durch den Anker verändern.

Vierter Schritt – die Extrameile gehen

Außerdem empfehle ich dir, jeden Morgen nach dem Aufstehen und jeden Abend vor dem Schlafengehen in das gewünschte Gefühl zu gehen. Also in eine Art Meditation. Stell dir die gesamte Szene vor. Wie du sie triffst, mit ihr redest, Zeit verbringst und sie dann zum ersten Mal küsst. Der erste Kuss wäre dann beispielsweise eine kurze Sequenz, die du für einen Anker für Zeigefinger und Daumen nutzen könntest, um ihn dann als Trigger über den Tag zu nutzen. Anschließend wäre es gut, dieses Gefühl so lange zu triggern und in den State zu kommen, bis es wirklich verinnerlicht ist. Wie beim Autofahren geht es darum, dass du irgendwann davon überzeugt bist, dass du charmant oder liebevoll bist. Dafür musst du jedoch durch die negativen Emotionszustände durchgehen und sie neu konditionieren.

Das hört sich anstrengend an? Ich kann dir leider nichts anderes versprechen, am Anfang wird es anstrengend sein. Aber wenn du diese Extrameile mal gegangen bist, wird sich der Vorgang automatisieren. Je häufiger du es schaffst, diesen State hervorzurufen, desto schneller wird er sich manifestieren. Dein altes Ich ist nämlich wie ein Magnetfeld, das immer wieder versuchen wird, deinen neuen State herunterzuziehen. Dein altes Ich hat eine bestimmte Konditionierung durchgemacht und möchte in der alten Komfortzone bleiben und bloß nichts ändern. Du reißt es sozusagen aus dem jetzigen Ich, weshalb es anfangs immer wieder Momente geben wird, in denen dich dein altes Ich in alte emotionale Zustände zurückwerfen wird. Vor allem, wenn dich etwas triggert. Dein neues Ich jedoch würde aus einem State der Fülle heraus reagieren. Es würde sagen: »Ja, was soll's. Ich sollte mich lieber auf meine Sachen konzentrieren.«

Der Magnet, der dein neues Ich nach unten zieht.

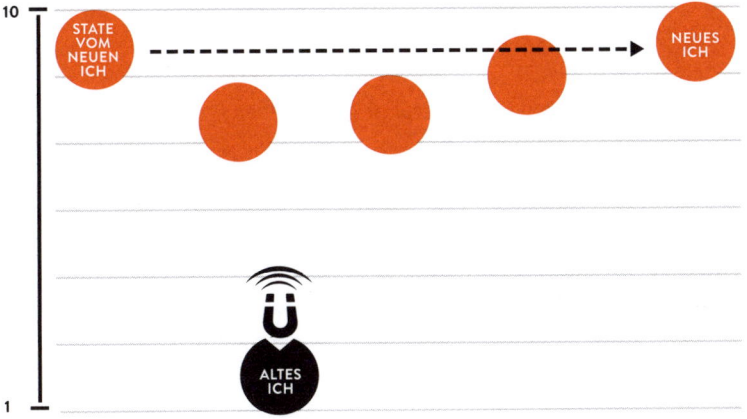

Solange das Gefühl (der State) nicht gut genug gefestigt ist, wird dein neues
Ich immer wieder die Chance nutzen, um es ins alte Ich zurückzuziehen.

FRAMEWORK

Bisher habe ich immer nur darüber geschrieben, was dein neuer State alles *ist*. Jetzt möchte ich dir noch kurz zeigen, was er *nicht ist*. Indem du einen neuen Vibe schaffst, erschaffst du auch Grenzen. Wenn es zu deinem neuen State gehört, ehrlich zu sein, dann wirst du gleichzeitig ausschließen müssen, zu lügen. Eine Version von dir, die überzeugend ist, wird ausschließen müssen, an sich zu zweifeln. Wenn du dich also für einen State festlegst, bestimmst du damit gleichzeitig, was du nicht bist. Stell dir vor, du setzt dir nun eine Version von dir in den Kopf. Dein ultimatives Ich. Das ist das Licht am Ende des Tunnels. Wodurch aber ist der Lichtpunkt am Ende des Tunnels bedingt? Durch die Mauern, richtig? Das heißt, sobald du eine Vision erschaffst, also ein Licht am Ende des Tunnels, erschaffst du auch gleichzeitig alles, was nicht mehr mit dieser Vision zusammenpasst, also die Mauern drumherum. Das ist der springende Punkt. Zuverlässigkeit ist nichts anderes, als in diesem Tunnel zu bleiben. Deshalb ist es so unfassbar wichtig, dass du dir klare Grenzen setzt, sobald du deine Vision festgelegt hast

Das ist wichtig für dein Selbstbewusstsein. Wenn du keine Vision und kein Licht am Ende des Tunnels hast, dann hast du auch keine Mauern drumherum. Das bedeutet, du kannst machen, was du willst. So wirst du aber niemals selbstbewusst sein. Denn wenn dann jemand auf dir herumtritt, hast du keinen Maßstab, der dir anzeigt, ob das okay ist oder nicht. Wenn du entschieden hast, eine ehrliche und erfolgreiche Person zu sein, dann hast du automatisch Mauern gebaut, die dir vorgeben, dass du dich nicht mit verlogenen oder erfolglosen Menschen abgeben sollst. Das ist nicht böse gemeint, sondern einfach nur realistisch. Du wirst bemerken, wenn du immer mehr in den State von Ehrlichkeit und

Erfolg gehst, dass du immer weniger Verlangen danach hast, mit Leuten Zeit zu verbringen, die dich belügen oder nichts aus sich machen. Wenn jemand dann beispielsweise sagt, lass uns abhängen, wirst du automatisch eher das Verlangen danach haben, weiter an deinen Träumen zu arbeiten. Denn wenn du das Gefühl oft genug wiederholt hast, dann wird es zu einem Teil deines Charakters.

Dein ideales Selbstbild im Unterbewusstsein ist also die von dir erfundene neue Version von dir selbst. Natürlich hat diese neue Version ihre ganz eigene Art, zu denken, zu fühlen und zu handeln. Diese Gefühle, Gedanken und Handlungen gilt es so lange zu etablieren, bis das neue Selbstbild vollkommen erfüllt ist. Das Ganze machst du geistig jetzt schon. In diesem Moment. Was wären also States, die dein zukünftiges Ich haben sollte? Konzentration? Charme? Mut? Ehrlichkeit? Liebe? Schreibe dir eine Liste mit Eigenschaften, die du gerne hättest, und schau sie dir dann genau an. All diese States dienen einem großen Bild. Deiner endgültigen Vision. Deinem höchsten Selbst. Einer Person, die die Fähigkeit zu Charme, Konzentration, Ehrlichkeit und Liebe hat. Stell dir einen Tisch vor. Die Tischplatte symbolisiert dein endgültiges Selbstbild. Die Tischbeine wären deine verschiedenen States, und es müssen nicht vier sein. Es können Hunderte sein, wenn es nötig ist. Fange Schritt für Schritt an, die vier Tischbeine aufzustellen. Nehme dir zunächst vier States vor, die das Fundament für dein neues Ich sind.

Und such dir Vorbilder! Wenn du an deinem Charme arbeiten möchtest, überlege dir, von wem du dir was abschauen könntest. Wer in deinem Umfeld ist besonders charmant? Wie fühlt diese Person wohl? Stell dir vor, wie eine Frau auf dein Vorbild zukommt und ihn anspricht. Wie würde er reagieren? Nun stell dir vor, du bist diese Person. Stell dir vor, wie du die Welt durch seine Augen betrachtest und siehst, wie diese Frau auf dich zukommt, um dich anzusprechen. Sie tut es in einer koketten Art und Weise. Du merkst, dass sie dich verführen will, weil sie sieht, dass du ein wertvoller Mann bist. Wie fühlt sich das an? Speichere nun dieses Gefühl als State, zum Beispiel mit deinen beiden Fingern, wie ich es dir im vorigen Kapitel beschrieben habe, und rufe diesen State so oft, wie es nur geht, hervor. Tue dies für die nächsten sechs Wochen, bis er so stark in deinem Unterbewusstsein verankert ist, dass du genau weißt, dass dieses Tischbein nun steht. Nimm dir nun ein weiteres Tischbein vor, und wiederhole den Prozess so lange, bis mindestens vier States stabil in dir verankert sind.

Framework bedeutet, dass du in deinem State bleibst, koste es, was es wolle. Dir muss klar sein, dass Menschen, die auf einer Drei oder einer Vier sind, versuchen werden, dich unterbewusst herauszufordern und zu testen. Sie werden versuchen, dich von deiner Zehn runterzuziehen. Das sind lediglich kleine Prüfungen, um zu testen, ob du wirklich zuverlässig bist. Ob du tatsächlich bist, wer du behauptest zu sein. Sprich, dein Selbstbewusstsein wird auf die Probe gestellt.

Ich glaube, Frauen sind den Männern in diesem Bereich voraus, denn ich habe das Gefühl, dass sie über eine höhere emotionale oder soziale Intelligenz verfügen, sei sie nun angeboren oder anerzogen. Sie verstehen die Botschaft hinter der Botschaft viel eher als ein Mann. Machen wir uns nichts vor, Frauen erkennen sofort den Hintergedanken, wenn ein Mann ihr einen teuren Drink ausgibt. Männer hingegen sind ziemlich stumpf, was das betrifft. Sie verfolgen eine sehr lineare Herangehensweise, wenn es um soziale Kommunikation geht. Wir bewegen uns nun immer mehr vom Inneren zum Äußeren. Ja, es ist unfassbar wichtig, dass du einen starken State hast. Doch du musst natürlich auch lernen, wie die Dynamiken im sozialen Austausch funktionieren, damit du nicht auf die Schnauze fällst. Das sind die Strategien. Die Story ist in deinem Verstand. Der State ist in deinem Herzen. Die Strategie liegt in deiner Hand. Hirn, Herz und Hand.

Das Prinzip deines neuen Ichs

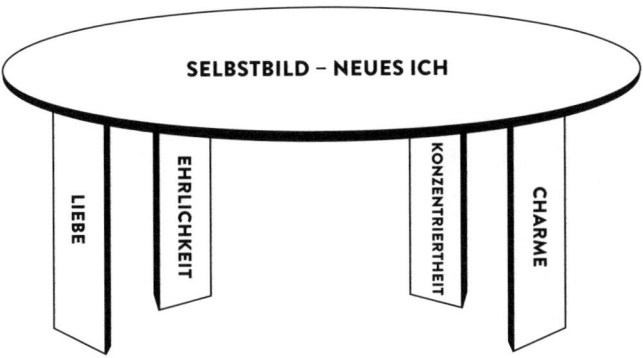

Jedes Selbstbild braucht bestimmte States, um es zu etablieren

DIE ZAHNRÄDER NEU AUSRICHTEN

Es gab bestimmt bereits etliche Menschen, die dir eine Predigt darüber gehalten haben, wie wichtig es ist, Ziele zu haben. Und auch wenn wir es immer nicht glauben wollen, es ist superwichtig. Wenn du wirklich die Traumfrau oder den Traummann in deinem Leben haben willst, dann geht es also zuerst darum, zu entscheiden, wer du dafür sein musst. Wie fühlt, redet, handelt dieser Mensch? Das ist die Vision. Sie geht den Zielen sogar voraus. Das ist das Bild, welches du erschaffst, um neue States zu kreieren, die dazu passen würden. Als Nächstes jedoch ist es wichtig, dass du verstehst, wie du diese States wahrmachen kannst. Das Ganze verläuft nämlich immer in den folgenden fünf Schritten: Ziel, Glaubenssätze, Werte, Aktionen und Worte. Das Ganze funktioniert wie eine Maschine mit fünf Zahnrädern. Um die Maschine am Laufen zu halten, müssen die Zahnräder perfekt ineinandergreifen. Sobald du entscheidest, das Ziel, also ein Zahnrad, zu verändern, funktioniert die ganze Maschine nicht mehr. Alle anderen Zahnräder werden anfangs hängen und dir Schwierigkeiten bereiten, bis sie jedoch irgendwann nachziehen und sich anpassen. Deshalb ist es so unfassbar wichtig, dass du dein Ziel immer im Auge behältst.

Es gibt eine Studie über Motivation beim Sport. Drei Kontrollgruppen wurden dazu aufgefordert, für die nächsten Wochen darauf zu achten, wie ihr Training läuft. Die erste Gruppe wurde darum gebeten, dass sie einfach nur aufschreibt, wie oft sie in den nächsten paar Wochen trainieren würde. Die zweite Gruppe wurde ebenfalls darum gebeten, zu erfassen, wie oft sie in den folgenden Wochen trainieren würde, zudem würde diese Gruppe nach jedem Training eine Motivationsrede bekommen. Sie wurde also dazu angeregt weiterzumachen. Die dritte Gruppe hingegen wurde dazu aufgefordert, einfach nur den folgenden Satz täglich aufzuschreiben: »Ich werde mich die nächsten Wochen, an diesem Tag, um diese Uhrzeit, an diesem Ort, mindestens 20 Minuten damit beschäftigen, mein Training auszuführen.«

In der ersten Gruppe gab es nur 38%, die ihr Training wirklich umgesetzt haben. In der zweiten Gruppe waren es sogar noch weniger, und zwar 35%. In der letzten Gruppe hingegen waren es 91%, die tatsächlich trainiert haben. Diese Ergebnisse machen vor allem eins klar. Es geht nicht um Motivation, sondern um Klarheit. Es ist lediglich Klarheit, die uns Menschen fehlt, weshalb wir nicht in die Umsetzung kommen. Deshalb möchte ich, dass du dir genau so konkret Ziele setzt. Wenn du an deinem State der Ehrlichkeit arbeiten möchtest, dann bestimme für dich selbst, welches Ziel du für die nächsten Wochen verfolgen wirst. Beispielsweise: »Wenn mich meine Freundin fragt, wo ich gewesen bin, werde ich ehrlich antworten.« Oder: »Wenn mein Freund Zeit mit mir verbringen möchte, und ich keine Lust habe, werde ich ehrlich sein.« Schreibe dir jeden Morgen ein solches Statement auf, bevor du in den Tag startest. Wir Menschen haben einen wirklich starken Drang danach, Dinge wahrzumachen, die wir versprechen. Wenn du dies also jeden Morgen machst und dann trotzdem nicht ehrlich bist, dann wirst du sofort ein Signal in deinem Gehirn bekommen, das dir sagt: »Warte mal, du hast doch heute versprochen, dass du ehrlich bist!« Dadurch gerätst du viel mehr in den Zwang, diesem Versprechen gerecht zu werden.

Diese Vorgehensweise ist ebenfalls eine Art Anker, jedoch eher für deine Handlungen als für deine Emotionen. Wenn du hier dranbleibst, wirst du merken, wie deine Glaubenssätze nach und nach beeinflusst werden. Nach und nach verwandeln sich deine Glaubenssätze von »Ich bin so ein Lügner« zu »Ich bin eine ehrliche Person«, und du kannst schon bald mit den nächsten Zielen anfangen. Durch die Glaubenssätze formen sich natürlich auch deine Werte. »Lügen ist ein guter Weg, um anderen nicht wehzutun.« wird zu »Wenn du jemandem wirklich helfen willst, dann sagst du ihm die Wahrheit.«. Nach und nach wirst du also bemerken, wie sich deine Werte verändern. Diese Werte werden deinen Charakter bestimmen. Sie entscheiden darüber, wie du für den Rest deines Lebens handeln oder reden wirst. Wichtig ist, dass du das Gelernte jetzt umsetzt und verstehst, was in den zwischenmenschlichen Beziehungen überhaupt abläuft. Was passiert da auf der Brücke zwischen dir und einem anderen Menschen? Was zieht euch eigentlich an, und was stößt euch voneinander ab?

DER FELS IN DER BRANDUNG

Wir leben in Zeiten, in denen sich auch für Beziehungen gerade sehr viel ändert. Mann und Frau sind verschieden, aber die Gleichberechtigung weicht die klaren Grenzen, die früher gezogen wurden, stark auf. Und viele, vor allem Männer, sind dadurch verunsichert. Viele Männer wollen für ihre Frau der Beschützer sein, aber viele Frauen wollen gar nicht beschützt werden, denn sie können das sehr gut selbst. Heutzutage kann eine Frau sehr gut auf sich allein aufpassen. Ich kenne genug Frauen, die selbstständig sind, und wissen, was sie wollen.

Auch wenn ich persönlich glaube, dass es eher männliche und eher weibliche Eigenschaften gibt, sollten wir unser Denken davon nicht zu stark einengen lassen. Begreifen wir die Gleichberechtigung als Chance, an uns zu wachsen. Die Frauen haben das längst getan. Sie nehmen ihr Leben viel mehr als früher selbst in die Hand. Sie erwarten nicht, dass du ihr die Tür aufhältst oder das Essen bezahlst. Und trotzdem darfst du diese Dinge natürlich weiterhin machen. Sie wird sich freuen, wenn du ein starker, selbstbewusster Mann bist, ihr Fels in der Brandung. Auch wenn eine Frau gut für sich selbst sorgen kann, bedeutet das nicht, dass sie nicht einen zuverlässigen Mann hat, der hinter ihr steht.

Anders herum kann man natürlich auch die Vorteile der Gleichberechtigung als Mann für sich nutzen. Genieße es, dass auch mal die Frau die Starke ist, wenn es dir nicht so gut geht. Lass ihr die Freiheiten, die sie braucht, um ihr Leben selbst zu gestalten. Versuche, unvoreingenommen auf deine Freundin einzugehen, ohne ständig Männer-Frauen-Klischees in deinem Kopf zu wälzen. Dann werdet ihr eine selbstbewusste Beziehung auf Augenhöhe führen.

Letzten Endes trägt jeder von uns sowohl das weibliche als auch das männliche Prinzip in sich. Der Schlüssel ist also, als Mann deine feminine Seite und als Frau deine maskuline Seite zu entdecken. Doch wie können wir das, wenn wir uns fest an unsere Rollen klammern? Ich konnte vieles lernen, weil ich die maskuline Seite meiner Persönlichkeit mal hintangestellt habe, wenn es nötig war. Beispielsweise, als eine Frau mir einen Rat gab und der Mann in mir dachte, »Ach, so ein Unsinn, die hat keine Ahnung, was sie erzählt«, ich letztendlich aber doch auf sie hörte. Aber auch die Frau, die immer wieder denkt, »Er liebt mich nicht, denn er meldet sich ja kaum«, kann lernen, dass ein Mann sich nicht so verhält, weil er sie nicht liebt oder nicht braucht, sondern weil er durch seine maskuline Seite so vorprogrammiert ist.

Alles auf der Welt entwickelt sich weiter und wächst – und auch wir haben die Fähigkeit, uns zu verändern. Zwei Menschen, die zusammen etwas Neues erschaffen, können gemeinsam den Himmel auf Erden haben, wenn sie ihre Verbindung nicht nur körperlich, sondern auch mental, emotional und spirituell eingehen. Ein Meer voller Wolken, in das du dich einfach fallen lassen kannst – es heißt nicht umsonst »to fall in love«.

PART III

DIE
STRATEGIE

masteryourmind

»Entweder du hast es drauf oder nicht, das war's.« Das war einer der Glaubenssätze, die ich mein halbes Leben lang mit mir herumtrug. Wenn du mit anderen Männern über Beziehungen sprichst, dann wirst du schnell bemerken, dass sie plötzlich prahlen und andauernd irgendeinen Scheiß erzählen, von dem vielleicht zehn Prozent der Wahrheit entsprechen. »Gestern Abend habe ich die eine Blonde abgeschleppt. Letzte Woche habe ich drei Nummern eingesammelt. Mit meiner Freundin läuft es einfach unglaublich im Bett.« All das sind die klassischen Aussagen einer Männerrunde, die nur so nach einer Strategie schreien, was sie jedoch niemals zugeben würden. Ein weitverbreiteter Glaube ist nämlich, dass es Männer gibt, die einfach gut mit Frauen können, und Männer, die es nicht können.

Das ist Quatsch. Die meisten sind sich nämlich in keiner Weise darüber bewusst, dass man Beziehungen trainieren muss. Attraktivität oder Anziehung sind Dinge, die du trainieren kannst. Es ist nichts, was dir angeboren ist. Solltest du immer noch in dem Glauben gelebt haben, dass du unveränderlich bist, dann habe ich gute Neuigkeiten für dich. Nach diesem Buch wirst du ein neuer Mensch sein, weil du endlich die Strategien an die Hand bekommst, um einen Menschen zu finden, zu erobern und zu behalten. Das sind die drei Etappen, die es zu erlernen gibt. Eben diese drei Schritte musst du dir ins Bewusstsein rufen. Darum geht es in diesem letzten Teil des Buchs, um die Strategie.

WARUM DU DICH IMMER IN DIE FALSCHEN VERLIEBST

Warum ziehe ich immer wieder dieselben Männer in mein Leben? Warum habe ich immer Frauen in meinem Leben, die mich ständig verletzen? Warum schubsen mich meine Freunde andauernd rum? Weshalb treten meine Eltern auf mir herum? Ganz einfach, weil du dich dazu entschieden hast, eben dieser Mensch zu sein, der eben diese Menschen anzieht. In diesem Leben gibt es nämlich so etwas wie Anziehung, und die funktioniert folgendermaßen. Stell dir vor, da steht ein Höhlenfreund von dir. Dieser Höhlenmensch hat noch keine Ahnung davon, was Sprache ist. Er steht an einem Felsvorsprung und schaut um die Ecke, während du noch weiter entfernt bist und nicht sehen kannst, was sich hinter dem Felsen verbirgt. Dein Höhlenfreund hat dort einen Säbelzahntiger gesehen, er erkennt die Gefahr und hat Angst. Ich garantiere dir: In genau diesem Moment wirst du die Gefahr erkennen, ohne dass ihr miteinander sprechen müsst, und die Beine in die Hand nehmen. Du spürst den Vibe.

Menschen strahlen immer und überall einen Vibe aus – auch wenn der nicht immer so extrem ist wie in dem Beispiel mit dem Säbelzahntiger. Einigen war dies schon immer bewusst, andere müssen erst lernen, die Energien, die Menschen ausstrahlen, besser wahrzunehmen. Beinahe so, als hätte jeder Mensch eine Farbe, die du durch dein Gefühl spüren kannst. Wie bereits erwähnt, kommunizieren wir Menschen viel mehr über unsere Gefühle als über die Sprache. Deshalb kannst du noch so viel sagen oder machen, um jemanden zu beeindrucken: Wenn du einen anderen Vibe ausstrahlst, als deine Handlungen signalisieren, wird der andere schnell merken, dass irgendetwas faul ist. Wir Männer fallen öfter darauf rein als die Frauen. Frauen haben eben ein viel besseres Gefühl dafür, den Vibe von anderen Menschen aufzunehmen und zu verstehen und damit auch gleichzeitig die Botschaft hinter der Botschaft.

Es gibt bestimmte Beziehungstypen – bei Frauen und bei Männern –, auf die bestimmte Menschen immer wieder hereinfallen. Das eine Extrem sind die Narzissten, das andere Extrem die Überemotionalen. Die Narzissten finden wir häufiger unter Männern, gelegentlich aber auch unter Frauen, während die Überemotionalen öfter weiblich sind. Wenn diese Typen unter Stress geraten, reagieren sie entweder extrem aggressiv – die Narzissten – oder total übertrieben emotional. Kennst du die Frauen, die immer die Opferrolle spielen? Das sind Frauen, die viel zu viel nachdenken, in jeden Schritt etwas reininterpretieren und damit komplett den Überblick über die momentane Situation verlieren. Wie gesagt: Zwischen diesen beiden Extremen ist viel Platz, und es geht hier nur um Tendenzen. Jeder von uns hat das Potenzial, narzisstisch oder überaus emotional zu sein. Jeder für sich in einem ganz bestimmten Grad. Was du einfach für dich wissen sollst, ist, dass diese beiden Parts sich gerne anziehen. Deshalb ist es unglaublich wichtig für dich, zu verstehen, in welche Kategorie du fällst. Wo findest du dich selbst wieder? Damit du ein gutes Verständnis dafür aufbauen kannst, wie es zu solchen Verhaltensweisen kommt, lass uns zwei Beispiele näher beleuchten: den Nice Guy und den Player.

NICE GUY UND PLAYER: BALANCE NICHT IN SICHT

Der Nice Guy ist ein Typ, der die Hausaufgaben für die Mädchen macht, die er gerne hat, aber niemals zu ihnen ins Bett steigt. Alles, was er tut, ist zu hoffen, dass es irgendwann klappen wird, weil ihm die nötigen Strategien fehlen, um sie für sich zu gewinnen. Es gibt unterschiedliche Gründe, warum jemand zum Nice Guy wird. Vielleicht hat der Vater die Mutter schlecht behandelt, und er möchte nie so werden wie sein Vater. Vielleicht glaubt er, dass er es nicht wert ist, eine richtige Freundin zu haben. Wahrscheinlich hat er aber ein zu geringes Selbstbewusstsein, um aus sich herauszugehen.

Er beschließt also, die Frauen auf Händen zu tragen, weil er glaubt, nur so die Liebe zu finden. Jedes Mal, wenn er eine Frau sieht, die er wundervoll findet, tut er alles dafür, um sie zu überzeugen. Wenn sie fragt, ob er sie abholen kann, irgendwo hinbringen kann oder ihr Geld leihen kann, dann tut er das. Er kauft ihr die teuersten Geschenke und behandelt sie wie einen Engel, dennoch kommt nichts dabei rum. Sie gibt ihm Sprüche wie »Du bist ein toller Freund«, nimmt sich aber nur Zeit für ihn, wenn es ihr mal nicht so gut geht. In der restlichen Zeit ist sie unterwegs mit anderen Männern, während der kleine Nice Guy zu Hause sitzt und die Welt nicht mehr versteht. Dieser süße kleine Nice Guy ist sehr emotional und verirrt sich schnell in eine Gefühlswelt, die ihn nicht mehr klar denken lässt. Es ist nämlich so, dass wir blind werden, sobald die Emotionen unseren Verstand komplett ausschalten.

Wir haben ja bereits viel über den State gesprochen und dass es um die Quelle geht, aus der deine Botschaft kommt. Eben die Botschaft hinter der Botschaft. Mangel oder Fülle. Beim Nice Guy ist eben viel zu oft der Mangel. Er hat Angst, niemals Sex zu haben oder eine Frau zu finden, die ihn wirklich großartig findet, deshalb tut er alles, um sie davon zu überzeugen, dass er der Richtige ist. Das tut er, indem er ihr immer wieder schreibt, für sie da ist, ihr zuhört, ihre Hausaufgaben macht und all das, was sie eben gerade braucht. Natürlich ist das jetzt ein Extrembeispiel, das in der Realität nur selten so vorkommt. Ich übertreibe ein bisschen, damit ihr versteht, was ich meine. Aber ich denke, jeder hat schon mal einen Nice Guy kennengelernt, oder? Dann könnt ihr mir zustimmen, dass sich manche Männer bis zu einem gewissen Grad so verhalten, um bei ihrer Traumprinzessin zu punkten. Weil sie die Erwartung haben, dass Liebe ungefähr so funktioniert, kommt oft die böse Wahrheit, und Mutter Realität schlägt zurück.

Irgendwann wird der Nice Guy bemerken, dass die Frau kein Interesse für ihn hat. Dann liegt er nur noch zu Hause, vollkommen in Kummer versunken, leidet und trauert, versteht die Welt nicht mehr und hat im schlimmsten Fall niemanden, an den er sich wenden kann. Wie sagt man jedoch so schön: Die Zeit heilt alle Wunden. Es vergeht einige Zeit, bis er eine neue Angebetete hat. Komischerweise passiert nun wieder dasselbe. Er hat wieder den Drang, ihr hinterherzulaufen, alles für sie zu tun und sie auf ein Podest zu stellen. Das Problem des Nice Guys ist, dass er davon überzeugt ist, dass alles perfekt laufen muss. Er mag sie, sie mag ihn und alles läuft glatt, eben deshalb hat er oft auch starke Angst vor Konfrontationen mit der Frau, die er liebt. Er geht davon aus, dass das schädlich für die Beziehung der beiden wäre, weshalb er sich die meiste Zeit mit Kritik und Ausbrüchen zurückhält. Eben dadurch entstehen aber diese tiefen Schattenseiten, die er unterdrückt. Das Hämmern an der Kellertür wird lauter, und er braucht etwas, um sich abzulenken. Zum Beispiel Computerspiele oder Pornos. Was wiederum ziemlich schlecht für das Selbstbewusstsein sein dürfte. Er fühlt sich noch jämmerlicher, als er ist. Eine Kettenreaktion: Er zieht sich selbst runter und versprüht einen negativen Vibe, der die Frau erst recht nicht anbeißen lässt. Weshalb es wohl auch diesmal wieder zu einer Abfuhr kommt.

Irgendwann muss dieser Kreislauf durchbrochen werden. Der Nice Guy überwindet seine Scham und fängt an, mit anderen über sein Problem zu sprechen. Ich würde behaupten, dass Nice Guys eigentlich sehr egozentrische Menschen sind. Tatsächlich ist es oft so, dass sie nicht als Versager dastehen wollen. Ich meine, wer will das schon? Sie versuchen, mit allen Mitteln zu verbergen, dass sie Schwächen haben oder noch keinen Sex hatten oder dass Mädchen sie nicht mögen oder sogar lieben könnten. Mental haben sie das an der Stelle offenbar verstanden, emotional jedoch sind sie oft noch verschlossen und begreifen die Lage noch nicht. Die Gesellschaft und der soziale Druck, nicht als Loser dazustehen, tragen ihren Teil dazu bei. Sobald sie jedoch einsehen, dass sie einfach nicht dazu in der Lage sind, eine Frau zu überzeugen, weil sie eben viel zu lieb und nett sind und viele Male verletzt wurden, dann können sie endlich etwas ändern. Tatsächlich ist es nämlich so, dass wir unglaubliche Angst vor der Wahrheit haben. Diese Wahrheit ist, dass wir nicht nur geben müssen, sondern auch nehmen, damit es eine Balance in der Beziehung gibt. Die meisten Menschen haben kein Problem mit der Balance aus Geben und Nehmen. Die Narzissten und Überemotionalen nehmen zu viel, während die Nice Guys zu viel geben. Wenn die Balance nicht stimmt, kommt entweder erst gar keine Beziehung zustande oder aber sie geht schnell wieder in die Brüche.

Wenn du das Gefühl hast, du bist auch ein Nice Guy, dann solltest du natürlich an deinen Social Skills arbeiten. Aber die wichtigste Aufgabe, die du bewältigen musst, ist, den Bereich des Nehmens zu verändern. Das hat wahnsinnig viel mit deinem Selbstbewusstsein zu tun. Schau noch mal rein in Part I. Ein Freund von mir hat seine Beziehung immer nach der Devise »Willst du gelten, mach dich selten« gelebt, und was soll ich sagen, es hat funktioniert. Natürlich heißt das nicht, dass du überhaupt keine Zeit mehr mit deiner Angebeteten verbringen sollst. Aber vernachlässige deine Freunde und Hobbys nicht. Mach dein Ding, dann wirst du automatisch interessanter für sie, außerdem wirst du einen ganz anderen Vibe haben, wenn du den Sachen nachgehst, die dich glücklich machen.

Ein Punkt, der dir auch weiterhelfen wird, so paradox es klingt: Negatives ansprechen. Wenn deine Freundin etwas gemacht hat, das absolut nicht okay für dich ist, würde ich dazu raten, es anzusprechen. Damit meine ich nicht, dass du wie der letzte Henker rumschreien sollst. Aber versuche, ihr zu vermitteln, dass das, was sie getan hat, nicht okay für dich war. Es ist ein völlig gesundes Verhalten, jemandem zu sagen, dass er oder sie dich nicht schlecht behandeln darf. Weil du jedoch Angst hast, deine Freundin zu verlieren, bist du einfach still und nimmst das Ganze hin. Nun gibst du dem Menschen, der dich ungerecht behandelt hat, einfach noch mehr, um das Ganze zu kompensieren, in der Hoffnung, dass es gut gehen wird, doch hier haben wir wieder dieses magische Wort *Hoffnung*. Du kannst so viel hoffen, wie du willst. Die Wahrheit ist, dass es nicht passieren wird. Du musst dich deiner Angst stellen und dein Selbstbewusstsein stärken. Mehr von dem anderen verlangen, anstatt immer nur zu geben.

An dieser Stelle ist es wichtig, zu betonen, dass man natürlich auf keinen Fall ins andere Extrem fallen sollte, Stichwort *Balance*. Das habe ich aber leider auch schon ein paarmal in meinem Umfeld mitbekommen. Nice Guys, die sich ändern wollten und nun auf einmal nur noch am Nehmen waren. Und das Interessante ist, dass diese Tour eine Zeit lang ganz gut funktioniert. Das liegt daran, dass aus dem Nice Guy ein Arschloch geworden ist, und manche Frauen stehen auf Arschlöcher. Aber warum? Meistens sind es die Frauen, die das weibliche Gegenstück zum Nice Guy sind. Die glauben, dass nur er der eine sein kann, und auf ewig alles für ihn tun. Wohl fühlen sich dabei allerdings beide nicht oder zumindest nicht lange. Weil die Balance gestört ist. Und keiner aus sich selbst heraus aus freien Stücken Liebe gibt, sondern wieder aus der Angst heraus agiert.

Und es gibt noch einen Grund, warum das Modell zunächst funktioniert, weil der Nice Guy seinen Vibe geändert hat. Er verbindet das Arschlochsein nun mit etwas Gutem und hat somit eine neue positive Verbindung in seinem Kopf und seinem Herzen geschaffen. Was er jedoch nicht weiß, weil er die Gesetze der Anziehung nicht kennt, ist, dass er nur die Frauen anzieht, die sehr abhängig davon sind, dass jemand sie so behandelt, wie er es eben tut. Eben die Frauen, die selbst so ein NiceGuy-Syndrom haben. Was er nämlich sieht, ist einzig und allein, dass ihm Frauen hinterherlaufen und dass er nun endlich Sex haben kann, soviel er will, und dadurch niemand seiner Freunde mehr die Möglichkeit hat, ihn runterzumachen. Deshalb wird er ganz sicher nicht daran denken, etwas zu ändern, und ewig in diesem Muster verweilen. Er hat nun die Beziehungen, die er immer wollte, all den Sex, den er immer wollte, doch trotzdem findet er komischerweise keine Erfüllung.

Anfangs scheinen seine Dates immer großartig, doch mit der Zeit geht das Ganze immer wieder in die Brüche. Woran liegt das? Der Schlüssel liegt in der Erkenntnis, dass man schon wieder in einem Muster gefangen ist. Anfangs hatte er Angst, zu nehmen, also Liebe zu bekommen. Nun hat er Angst, zu teilen, also Liebe zu geben. Jetzt ist er selbst zum Spieler geworden, der sich emotional davon ernährt, dass andere ihm hinterherlaufen. Er genießt es förmlich, wenn sie alles dafür tut, um ihn zu bekommen.

Dir muss klar sein, dass all diese Beziehungen zu anderen Menschen dir etwas beibringen wollen. Sie sollen dir zeigen, wie du die Balance zwischen Geben und Nehmen erreichst. Wenn du es geschafft hast, wirst du die wahre Liebe leben können und Ruhe haben. Bis dahin wirst du entweder anderen hinterherlaufen oder andere werden dir hinterherlaufen. Wenn du also diese Muster in deinen Beziehungen bemerkst, dann kannst du dir sehr sicher sein, dass da irgendetwas im Ungleichgewicht ist. Erst wenn du die letzte Stufe erreichst, bist du am Optimum angelangt.

Für den Player gilt das Gleiche: Auch er sollte schauen, dass er in die Balance kommt. Der Player-Typ hat ein unglaublich ausgeprägtes Ego, das ihn daran hindert, zu geben. Er ist derjenige, der immer nur nimmt. Viele dieser Player waren früher unsicher und wurden oft enttäuscht. Jedes Mal, wenn er geben wollte, dann wurde er zurückgelassen und lag mit tiefem Herzschmerz in seinem Bett. Was er nun auf keinen Fall tun will, ist, sich zu öffnen oder mitzuteilen. Er hat große Angst davor, seine Gefühle zu äußern, und sitzt in seinem eigenen Gefängnis des ständigen Zurückhaltens von Liebe. Mit der Zeit wird er stumpf und emotionslos, wenn es gerade niemanden gibt, der ihm hinterherläuft. Seine Masche ist es, andere in die Abhängigkeit zu ihm zu treiben, damit er selbst strahlen kann. Er macht andere runter, um besser dazustehen, und ist gern im Mittelpunkt. Alles andere ist langweilig für ihn. Wenn er jedoch allein ist, dann weiß er nicht, was er mit sich anfangen soll. Absolute Einsamkeit und Leere. Weil er so von sich selbst überzeugt ist, denkt er jedoch gar nicht erst darüber nach, was er falsch machen könnte. Er glaubt, er ist auf dem Königsweg: »Du darfst niemals zu viel Liebe zeigen, sonst wirst du verletzt. Du musst die Menschen kontrollieren, weil sie dich sonst verraten könnten.« Solche Gedanken schwirren in seinem Unterbewusstsein herum, und sie quälen ihn, ohne dass er es zunächst merkt.

Aber auch der vordergründig so selbstbewusste Player bekommt irgendwann Probleme. Sei es, weil er keine mehr findet, die auf seine Masche hereinfällt. Sei es, weil die Beziehungen nie lange halten und immer im Streit enden. Irgendwann wird sich auch der Player die richtigen Fragen stellen: »Was mache ich falsch? Wo liegt der Fehler? Was kann ich verbessern? Wie kann ich an mir arbeiten?« Es gibt nämlich so einiges zu tun. Wenn man das Rollenverständnis eines Players hat, dann glaubt man, dass man Macht hat und dass die Frauen von einem abhängig sind, aber eigentlich ist es genau andersherum. Der Player ist abhängig davon, dass sie von ihm abhängig sind, nur er merkt es nicht. Er ist vollkommen davon überzeugt, dass er die Fäden zieht, und erst wenn er bereit ist, diese Zügel zu lockern, und anfängt Macht abzugeben, wird es besser laufen. Allerdings fällt ihm das unfassbar schwer, da ihm hier die Angst vor dem Alleinsein in die Quere kommt. Ironischerweise ist er schon die ganze Zeit allein, weil er niemanden an sich heranlässt und viel zu kühl ist, als dass es Liebe in seinem Leben geben könnte.

Es sind diese besonderen Momente, die den Unterschied machen. Die Momente, in denen wir über unseren Schatten springen und auf den anderen zugehen sollten, auch wenn wir im Recht sind. Momente, in denen wir unserem Partner einfach mit Liebe begegnen und ihn so nehmen, wie er ist. Solche Momente verändern unser Leben. In diesen Momenten entscheidet sich immer wieder, ob du zu dir selbst stehst oder dich weiterhin selbst verrätst. Wer du bist, steht nämlich schon längst fest. Du bist vollkommene Liebe, und deine Aufgabe in diesem Leben ist es, das zu verstehen und dich daran zu erinnern.

An der Stelle möchte ich betonen, dass auch Frauen Player-Typen sein können. Auch beim weiblichen Geschlecht gibt es Vertreterinnen, die in der Beziehung nur nehmen und den Mann von sich abhängig machen möchten. Der Einfachheit halber, und weil ich viele Player-Männer persönlich kenne, habe ich hier aus der männlichen Sicht geschrieben.

Ich denke, beide Seiten haben sicher bereits Beziehungen miterlebt, in denen es unglaublich auf und ab ging. Egal in welcher Konstellation.

Mit Gewissheit hast du dich schon öfter gefragt: »Warum steht sie so auf ihn? Was gibt er ihr?« Hast du dich noch nie gefragt, warum Frauen so auf Arschlöcher stehen? Ich will nicht sagen, dass die Frauen daran schuld sind, wenn sich ihr Freund wie ein Arschloch benimmt. Aber er kann sich auch nur so weit danebenbenehmen, wie sie es zulässt. Je übler er sich ihr gegenüber verhält, desto mehr sollte sie sich fragen, was sie eigentlich falsch macht. Diese Arschlöcher decken die Wahrheit auf: »Hör auf, so ein Opfer zu sein und ständig nur zu geben. Fang endlich an eine dominantere Rolle einzunehmen!« Sie sollte diesen Mann als Zeichen für eine Lektion begreifen. Beide Partner ergänzen sich. Auch zwischen Mann und Frau gibt es eine Balance zwischen Geben und Nehmen. Beide also tragen die Schuld dafür, wenn es nicht rund läuft. Es ist eine Kooperation. Eine Koexistenz. Nicht du gegen mich oder ich gegen dich! Weil wir das nicht verstehen, zeigen wir andauernd mit dem Finger auf die anderen und vergessen dabei, dass zwei von den Fingern gleichzeitig auf uns zeigen.

Die Frau des Players muss unbedingt lernen, endlich mehr zu nehmen. Dann entsteht auch Raum für den Partner, mehr zu geben. Beide bewegen sich aufeinander zu und treffen sich günstiger Weise in der Mitte, in der Balance. An dem Ort, an dem beide im Reinen mit sich sind. Sodass sie niemanden in ihrem Leben brauchen, um wahre Liebe zu empfinden.

Jeder Mensch ist so, wie er ist, weil er bestimmte Erfahrungen gemacht hat. Ich hatte einmal einen Klienten, der sich darüber beschwert hatte, dass sein Sohn nichts auf die Reihe bekommt. Er hat ihm ständig Druck gemacht und ihm andauernd gesagt, dass er endlich mal sein Leben auf die Reihe bekommen soll. Ich fragte den Vater damals: »Wie war es denn eigentlich bei dir? Wie hat dein Vater dich früher behandelt?« Die Antwort war nicht überraschend. Er sagte mir, dass sein Vater ihn andauernd runtergemacht habe, weil er der Meinung gewesen sei, dass er nichts draufhabe. Also fragte ich ihn: »Erkennst du ein Muster?« Plötzlich wurde ihm klar, dass er einfach nur das weitergetragen hat, was sein Vater mit ihm selbst gemacht hat. Hier herrscht eine Beziehung zwischen drei Menschen, die von Angst geprägt ist. Die Angst hat sich von Generation zu Generation weitergeschlichen, und der einzige Weg, sie aus dem Weg zu räumen, ist *Akzeptanz*! Dabei ist es gar nicht so wichtig, die anderen zu akzeptieren, sondern bei sich selbst anzufangen.

Der Hauptgrund, warum mein Klient wollte, dass sein Sohn endlich was aus sich macht, war, damit er vor seinen Freunden gut dastehen kann. Warum aber will er gut vor seinen Freunden dastehen? Weil er Angst davor hat, dass er sonst nichts wert ist, oder? Es ist also ein egoistischer Antrieb, auch wenn es scheint, dass er seinem Sohn etwas Gutes tun will. Was jedoch würde passieren, wenn er endlich in sich gehen und akzeptieren würde, dass er trotzdem wundervoll ist, ganz egal wie sein Sohn sich verhält? Dass es nicht darauf ankommt, wie andere über ihn denken, sondern wie stark seine Liebe zu seinem Sohn ist? Wie kräftig der Zusammenhalt zur Familie und anderen Menschen ist, ganz egal was kommt? Sobald der Vater sich und sein Leben akzeptiert, kann er auch den Sohn akzeptieren. Er braucht keinen supererfolgreichen Sohn zum Angeben, sondern einen glücklichen. Viele Eltern wollen das Beste für ihre Kinder, sie übersehen dabei aber oft, dass das Beste für sie und das Beste für die Kinder oft sehr unterschiedliche Dinge sind. Aber zurück zur Beziehung zwischen Erwachsenen. Ich zeige dir jetzt, was es mit der Magie der Anziehung auf sich hat.

DIE MAGIE DER ANZIEHUNG

Wie ich bereits im ersten Teil geschrieben habe, bestimmt bei den meisten Menschen die Angst den Vibe. Ohne, dass es ihnen bewusst ist, ziehen sie genau das in ihr Leben, was sie ausstrahlen. In deinem Selbstbild, das tief im Unterbewusstsein vergraben liegt, hast du nämlich, ohne es zu wissen, dein eigenes Schicksal geformt. So paradox es klingt: Dieses Selbstbild wird immer versuchen, die Welt dort draußen nach seinem Ebenbild zu formen. In Momenten, wo du eine Frau ansprechen willst, aber immer noch das Selbstbild von einem Menschen hast, der es nicht verdient, eine wundervolle Beziehung zu führen, wirst du selbstverständlich einen starken Widerstand in dir spüren. Wenn du ein absoluter Narzisst bist und deine Frau schlecht behandelst, wird sich auch Widerstand in dir regen, sobald du dich bessern willst. Wenn du die Frau bist, die sich schlagen lässt, dann wird sich ein starker Widerstand in dir aufbauen, sobald du versuchst, ein Machtwort einzulegen.

Deshalb ist es so unfassbar wichtig, dass du dich veränderst, wenn du jemanden anziehen willst, der dieses ich von dir verdient. Solange du nämlich einen negativen Vibe ausstrahlst, wirst du Menschen mit ebenfalls negativem Vibe anziehen. Du stehst an einem Bahnhof, und es kommen verschiedene Züge vorbei. Es sind die Partner und Partnerinnen, die du kennenlernst. Sie verweilen eine Zeit lang bei dir, doch eigentlich wollen sie doch an einer anderen Station aussteigen. Diese Endstation ist das glorreiche Land einer erfüllten Partnerschaft. Doch wir Menschen sind so gepolt, dass wir lieber an einer schlechten Beziehung festhalten, anstatt die Trennung als Chance auf etwas Besseres zu sehen. Statt zu sagen »Steig nicht aus!«, sollten wir manchmal einfach loslassen und beim Abschied freudig winken. Doch die Angst vor dem

Alleinsein ist bei vielen übermächtig, weil sie nicht das Selbstvertrauen haben, dass sie ihr Leben allein schön gestalten können und jederzeit wieder jemanden finden.

Wo schätzt du dich selbst ein? Bist du ein Mensch, der gerne anderen hinterherläuft oder eher jemand, der andere lieber unter Kontrolle hält und in die Abhängigkeit wirft, um Sicherheit zu haben? Was liegt dir besser? Bist du jemand, der zu viel gibt oder zu viel nimmt? Oder bewegst du dich schon auf die Balance zu? Wenn du bereits dort angekommen bist, kannst du dich selig zurücklehnen, denn dann bist du in der goldenen Mitte. Der Gentleman ist der Traummann oder die Traumfrau, in dem Fall Gentlewoman. Selbstverständlich gibt es genauso viele Frauen, die in der goldenen Mitte angekommen sind.

FIESE TRIGGER UND ACHTSAMKEIT

Der Gentleman also ist eine Person, die alle Fertigkeiten und Fähigkeiten hat, um die große Liebe zu erfahren. Er ist charmant, einfühlsam und nahezu perfekt. Allerdings gibt es da ein Problem. Eben, dass er zu perfekt ist. Dieses Phänomen siehst du immer wieder, wenn du dich viel mit Beziehungen auseinandersetzt. Ich kenne genug Männer, die bereits die Traumfrau gefunden haben. Und genug Frauen, die eigentlich in einer super Beziehung mit Mr. Right waren. Doch irgendwann wurde ihnen die Sache unheimlich: Läuft das nicht alles viel zu glatt? Viel zu langweilig. Da sucht man sich einfach wieder ein Arschloch, das all die Gefühle in einem weckt, die einen verrücktspielen lassen. Dieses Arschloch wirft einen wenigstens in eine Achterbahn. Besser als ein erfülltes und perfektes Leben.

Du denkst vielleicht, ich mache Witze, doch ich meine das vollkommen ernst. Wir Menschen lieben es, in diesen kaputten Beziehungen zu sein, auch wenn wir es nicht wahrhaben wollen. Mir geht es darum, dass wir diese Dinge endlich wahrnehmen. Verstehen, warum es immer wieder gleich läuft. Ich möchte, dass du Achtsamkeit entwickelst, die dich erkennen lässt, wo du deine Defizite hast. Ob du eher narzisstisch oder abhängig veranlagt bist. Bist du in der Phase des Nice Guys oder Nice Girls oder eher eine Playerin oder ein Player? Vielleicht bist du ja sogar bereits im Gentleman-Modus, aber weißt es noch nicht einmal. Dann würdest du jedoch wahrscheinlich nicht in diesem Buch herumstöbern.

Sobald du also erkannt hast, wo du gerade stehst, ist der nächste Schritt herauszufinden, was dich triggert. Ein Trigger ist das, was Ängste in dir auslöst. Beispielsweise, wenn dein Freund dir längere Zeit nicht zurückschreibt. Oder deine Freundin ist zu nett zu deinem besten Freund. Wenn du merkst, dass dich irgendetwas triggert, lass dich in Zukunft nicht sofort von deinen Gefühlen mitreißen, sondern atme erst mal durch. Überlege, warum du genau in der Situation mit Angst reagierst. Nachdem du das Buch bis hierher durchgelesen hast, wirst du ziemlich schnell herausfinden, warum du mit Angst reagierst. Was es genau ist, das da an der Kellertür hämmert und herauswill. Wichtig ist, dass der Trigger nicht gleich wieder zu unüberlegten Aktionen führt. Sondern dass du lernst, ihn zu erkennen. Denn erst dann kannst du anfangen, an dir zu arbeiten. Zu akzeptieren, dass du tief im Unterbewusstsein noch etwas verankert hast, was verarbeitet und durchlebt werden muss. Wir haben ja bereits über den State gesprochen und dass du ein Gefühl verankern sollst, um deine alten Konditionierungen zu überschreiben.

Ich möchte dir noch eine weitere Methode gegen die Trigger ans Herz legen. Sobald du einen Trigger erkennst, geh bewusst aus der Situation raus, setz dich in Ruhe hin und durchlebe das Gefühl noch einmal. Das muss nicht unbedingt in der akuten Situation sein, aber lass nicht zu viel Zeit vergehen. Je frischer du die Situation im emotionalen Gedächtnis hast, desto besser. Stellen wir uns also einmal vor, er schreibt dir nicht zurück. Jetzt gerätst du in ein emotionales Durcheinander. »Warum schreibt er nicht? Mag er mich nicht? Will er mich nicht? Habe ich etwas falsch gemacht? Ich hätte meine Nachricht etwas genauer schreiben sollen! Ah, verdammt, habe ich es wieder vermasselt?« All diese Gedanken entstehen, weil du Angst hast. Versuche, die Angst gefühlsmäßig einzukreisen und zu identifizieren. Dabei solltest du die Angst neutral behandeln und nicht beurteilen. Finde heraus, warum sie da ist und woher sie kommt. Folge dem Hämmern der Kellertür, öffne sie und schau genau nach, was dahinter ist. Versuche, nicht über deine Gedanken nachzudenken. Damit meine ich, wenn du anfängst zu denken »Puh, ich muss noch meinen Müll rausbringen«, dann denke nicht im nächsten Moment »Ach verdammt! Ich wollte doch nicht nachdenken!«, sondern lass deine Gedanken einfach laufen und beobachte sie mit deinem Fokus. Worauf du dich jedoch vor allem fokussieren solltest, ist das Gefühl, welches durch den Trigger, also dein Handy, entstanden ist. Irgendwo in deinem Körper wird es ein Gefühl geben. Es wird sich in irgendeinem Teil deines Körpers widerspiegeln. Fokussiere dich komplett darauf und nimm dir die Zeit, dieses Gefühl zu fühlen. Dieses Gefühl wurde nämlich dein Leben lang vom Verstand unterdrückt, weil du es so beigebracht bekommen hast.

Lasse dich fallen in das Gefühl, dass du nichts wert sein könntest. Dieser Trigger, also die Tatsache, dass er nicht zurückgeschrieben hat, versteckt eine Botschaft in sich. Diese Botschaft ist: »Ich bin es nicht wert, dass man mir zurückschreibt.« Dieses Gefühl hast du jedoch lange Zeit unterdrückt, weshalb es dir Angst macht, und weil es dir Angst macht, musst du ständig darüber nachdenken. Weil du eben ständig darüber nachdenken musst, ziehst du es immer wieder in dein Leben. Wenn du es aber ein für alle Mal durchlebst und fühlst, dann kann es endlich gehen. Die Kellertür ist offen. Lass es raus! Du hast dieser Überzeugung von dir in die Augen geschaut und es beleuchtet. Jetzt kennst du diese Überzeugung. Wir haben jedoch nur Angst vor Dingen, die wir *nicht* kennen. Deshalb ist es Zeit, dich selbst kennenzulernen.

Wenn ich Leuten diesen Tipp gebe, höre ich immer wieder: »Tut mir leid, ich hatte nicht den Mut hineinzuschauen, deshalb habe ich es nicht getan.« Es ist normal, dass du Angst hast vor deiner Angst. Deshalb tauche in dich hinein und vertraue darauf, dass dir nichts passieren kann. Es kann sein, dass du dich danach etwas schlapp fühlst, aber nach und nach wirst du bemerken, wie es dich immer weniger beschäftigt, weil du deinen inneren Dämon besiegt hast.

Dadurch, dass du die Ängste in dir löst oder loslässt, siehst du die Welt automatisch durch andere Augen. Du wirst bemerken, dass dir andere Dinge wichtig sind. Vielleicht wirst du sogar an manchen Menschen, die du vorher ganz toll fandest, kein Interesse mehr haben. Das beweist, dass dich deine ungelösten Probleme zu ihnen hingezogen haben, dass sie dir eigentlich gar nicht guttun. Sei nicht länger Opfer deiner inneren Welt, sondern lass deine Ängste frei! Sobald du weißt, wie du mit diesen inneren Konflikten umzugehen hast, kannst du sie umformen. Du kannst die Quelle reinigen. Von Mangel zu Fülle und dann aus Fülle heraus Menschen in dein Leben ziehen.

DIE MACHT DER ÜBERZEUGUNG

Ich denke, das ist für einige der interessanteste Teil dieses Buches. Immer wieder bemerke ich, wie wichtig all den Menschen, mit denen ich zusammenarbeite, die Sprüche und Techniken zur Überzeugung sind. Das jedoch macht gerade mal 20% deines Erfolges in Beziehungen und beim Kennenlernen aus. Die wahren Ergebnisse kriegst du durch die 80%, die im Inneren sitzen. Hast du die erst einmal umgekrempelt, so hast du schon bald keine Sorgen mehr.

Im Großen und Ganzen gibt es drei Ebenen, auf denen wir Menschen ansprechen: die oberflächliche Ebene der Attraktivität, die erregende Ebene der Anziehung und die tiefe Ebene der Verbindung. Die Attraktivität ist dein Aussehen und dein Auftreten, nichts weiter. Lediglich 10% von dem, was wirklich in der Überzeugungsarbeit zählt. Weitere 60% entfallen auf die Anziehung, also auf die Art, wie du es schaffst, jemanden in deinen Bann zu ziehen. Die restlichen 30% macht die Verbindung aus. Das sind natürlich nur ungefähre Werte, aber sie drücken in etwa die Verteilung aus. Auch wenn die Attraktivität am wenigsten ausmacht, du brauchst sie natürlich, wenn du jemanden kennen lernen möchtest. Wenn du jemandem erst gar nicht auffällst, könnt ihr noch so gut zusammenpassen. Der nächste Schritt, nachdem jemand auf dich aufmerksam geworden ist, ist es, den Menschen zu überzeugen, dass viel mehr in dir steckt. Hier kommt die Anziehung ins Spiel. Sie macht sehr viel aus und schafft sogar einigermaßen gute Beziehungen. Ohne die Verbindung auf tieferer Ebene allerdings, wird nie wahre Liebe dazukommen. Hier sprechen wir von Gemeinsamkeiten, von Ängsten, die man dem anderen mitteilt, oder von Werten, die beide teilen.

Ich bin der Meinung, erst wenn man eine tiefe Verbindung zu jemandem hergestellt hat, sollte es wirklich zum ersten Kuss oder mehr kommen. Warum so lange warten? Eine Verbindung entsteht erst, wenn wir Vertrauen zueinander aufgebaut haben. All die Gespräche und Überzeugungen dienen nur dazu, um Vertrauen aufzubauen. Wir alle stehen nämlich unter einem enormen sozialen Druck. Vor allem jedoch die Frauen. Dieser Druck sorgt dafür, dass wir zu verkopft handeln. Stell dir vor, du sitzt im Büro. Heute ist dein erster Tag, und du triffst den Chef. Natürlich wirst du nicht sofort irgendwelche Witze machen, sondern erst einmal herausfinden, ob der Chef überhaupt Humor hat. Und dann solltest du noch herausfinden, ob er es überhaupt mag, wenn im Büro viel gewitzelt wird. Kann sein, dass er privat ganz anders ist, aber hier ist er nun mal dein Chef. Du musst also erst mal abchecken, wie dein Gegenüber tickt, und dann darauf achten, wo du dich befindest, wenn du mit jemandem sprichst. Es ist ein Unterschied, ob du im Büro, tagsüber auf offener Straße oder nachts im Club bist.

All das sind verschiedene Umfelder, die verschiedene Herangehensweisen erfordern, deshalb lass uns einmal genauer darauf eingehen. Dass es verschiedene States gibt, haben wir ja bereits geklärt. Selbstverständlich hast du einen anderen State, wenn du gerade im Büro bist, als wenn du auf einer Party oder beim mittäglichen Spaziergang durch die Stadt bist. Wenn du meine Ratschläge aus Part I und Part II verinnerlicht hast, wird es dir keine Probleme bereiten, passende States in unterschiedlichen Situationen abzurufen. Das heißt, wenn du beispielsweise tagsüber unterwegs bist, wäre der ideale State zwar ruhig, aber dennoch überzeugend zu sein. Im Büro wäre es laserscharfe Konzentriertheit. Auf Partys wäre es gute Laune. Dennoch sehen wir die meisten tagsüber auf der Straße in Hetze oder Anspannung oder auf Partys total verkrampft. Um Menschen überzeugen zu können, musst du sie dort abholen, wo sie gerade sind. Hole sie auf dem Vibe ab, den sie gerade selbst ausstrahlen, und dann bring sie auf deinen eigenen. Der Chef würde also am ersten Arbeitstag nicht unbedingt einen Witz hören, sondern interessierte Fragen zum Arbeitsablauf. Wenn du eine Frau ansprichst, überlege dir vorher, in welchem State sie wohl gerade ist. Steht sie auf der Party allein rum und macht einen verlorenen Eindruck? Prima, dann wird sie sich wahrscheinlich etwas unwohl fühlen und froh sein, wenn sie mit jemandem reden kann. Läuft sie gerade mit sorgenvoller Miene durch die Stadt, während ihr Handy klingelt? Eher schlecht, denn sie ist gestresst und kann jetzt nicht auch noch eine Anmache brauchen.

Wenn du den Vibe der anderen erkannt hast, kannst du fast schon loslegen. Halte noch einen Moment inne und überlege dir, was für *dich* der geeignete Vibe ist, um auf dein Gegenüber zuzugehen. Mach dir noch einmal kurz bewusst, in welchem Umfeld du überhaupt bist. Welchen State sollte ich hier an den Tag legen, um zu punkten? Um die anderen abzuholen? Ich gebe dir mal ein Beispiel. Da ich mich sehr viel mit dem Vibe und dem Unterbewusstsein beschäftige, bin ich wirklich sehr offen, wenn ich auf Veranstaltungen bin. Mein Türsteher hat sozusagen viel Freizeit. Ich war also einmal auf einer Gala eingeladen. Dort waren besonders vornehme Menschen in Anzügen unterwegs. Sie waren nicht betrunken oder sonst was. Völlig nüchtern, und der Abend hatte gerade erst angefangen. Eigentlich möchte jeder Mensch offen sein und seine Gefühle mit anderen teilen, doch in Deutschland im Allgemeinen und in gewissen Kreisen im Speziellen ist es so, dass die meisten Leute einen Stock im Arsch haben. Oder etwas anders ausgedrückt: Ihr Verstand übernimmt allzeit die Kontrolle, der Türsteher ist ständig im Einsatz. Deshalb wird auch in allen Gesellschaftsschichten getrunken; Alkohol lockert sie.

Ich kam also völlig offen und gut gelaunt auf diese Gala, habe Jokes gemacht und mich benommen wie ein Affe. Zumindest sagte mir das der Gesichtsausdruck der Anwesenden. Ich war einfach nur ich selbst, aber was war das Problem? Ich war zu gut gelaunt für die anderen – mein Vibe und der Vibe der anderen passten nicht zusammen, zumindest am Anfang nicht. Es entstanden merkwürdige Gesprächssituationen. Jemand kam auf mich zu und fragte: »Na, wie gefällt dir die Party?« Ich wollte einen Witz machen und antwortete: »Keine Ahnung, bin viel zu betrunken, um noch was wahrzunehmen.« Dabei hielt ich demonstrativ mein Wasserglas hoch. Drei Stunden später wäre das ein super Joke gewesen, der sicher für einen Lacher gesorgt hätte. Aber mein Gegenüber war zu dem Zeitpunkt einfach noch nicht warmgelaufen. Das soll keine Kritik an ihm sein. Mir war damals einfach noch nicht bewusst, dass man gut daran tut, seinen Vibe und den Vibe der anderen abzugleichen. Zu sehen, wo man selbststeht, wo die anderen stehen, und erst dann zu agieren.

Das ging noch eine Zeit lang so weiter. Bester Laune stürmte ich die Tanzfläche, obwohl ich dort der Einzige war. Alle anderen waren noch damit beschäftigt, sich warmzutrinken. Erst als alle anderen etwas intus hatten, waren wir auf einer Wellenlänge. Plötzlich konnten alle Witze machen; die anderen hatten aufgehört, sich so verdammt ernst zu nehmen. Ich hingegen bin sozusagen immer betrunken, ohne etwas zu trinken, da ich gelernt habe, mit dem Herzen zu leben und weniger mit dem Verstand. Das ist häufig das Problem in unserer Gesellschaft. Wir haben verlernt, uns auszudrücken. Es macht uns sogar Angst. Nur Drogen oder Alkohol schicken den Türsteher, den Verstand, in die Mittagspause und machen uns zu dem, was wir eigentlich sind. Verwandeln uns wieder in kleine Kinder, die Spaß haben wollen und mit dem Herzen leben können.

MÄNNER SIND TOLLE HECHTE, FRAUEN SIND SCHLAMPEN

Der größte Druck, der auf Männern lastet, ist, sich vor den Freunden lächerlich zu machen und den Status zu verlieren. Sie befürchten, wenn sie etwas falsch machen, dann denken alle, dass sie nichts draufhaben und gleich ihr ganzes Leben im Eimer ist. Die Frau hingegen hat vor allem den Druck der falschen Wahl. Historisch gesehen waren für Frauen in den meisten Epochen zwei Dinge wesentlich bei der Partnerwahl: Fortpflanzung und Sicherheit. Sicherheit bedeutete Überleben. Das konnten die Frauen ganz häufig nur dann, wenn sie jemanden an ihrer Seite hatten, der für ihre Sicherheit sorgte. Wenn du also eine Frau warst, war es immer eine gute Idee, eben den Mann auszusuchen, auf den sie sich verlassen konnte. Da haben wir es wieder. Zuverlässigkeit. Tue, wovon du sagst, dass du es tust, und sei, von wem du behauptest, dass du es bist. Mit diesem Mann hat eine Frau die besten Überlebenschancen, wenn es dazu kommt, dass sie neun Monate lang ein Kind mit sich rumtragen muss – und dann jahrelang zusehen muss, wie sie das Kind versorgt.

Deshalb ist es auch so wichtig für eine Frau, den Mann längerfristig an sich zu binden. Paradoxerweise verliert sie mit der Zeit trotzdem das Interesse an ihm. Du wirst nicht glauben, wie viele Menschen da draußen eine Beziehung führen, aber gleichzeitig Affären haben. Vermutlich weil wir instinktiv, also mit unserem kleinen Steinzeithirn, danach suchen, die besten Überlebenschancen zu haben – also unsere Gene ständig weiterzuverbreiten. Ich behaupte, dies ist tief in uns verankert. Allerdings steht diesem steinzeitlichen Verhalten die moderne Sexualmoral entgegen. Wenn eine Frau Sex mit vielen verschiedenen Männern haben möchte, ist sie nach gängiger Auffassung eine Schlampe. Deshalb gibt es ein Problem mit unserer Sexualität. Wir können diese Sexualität nicht einfach offenlegen. Vor allem Frauen nicht. Ein Mann, der viele verschiedene Sexualpartnerinnen hat, wird häufig als toller Hecht gesehen. Frauen werden gleich als Schlampen abgestempelt, obwohl der sexuelle Trieb das Natürlichste der Welt ist. Aufgrund von Konditionierung und gesellschaftlichem Druck aber legen wir eine Maske auf, um vorerst einmal zu erschnüffeln, mit wem wir es zu tun haben. Wird der Mensch mir gegenüber mich verurteilen oder nicht? Deshalb ist es für mich ein ganz wichtiger Punkt, niemals jemanden zu verurteilen, ganz egal was er oder sie macht. Wenn sie darauf steht, jedes Wochenende mit jemandem zu schlafen, dann soll sie das doch machen. Es ist ihre Sache – solange sie dabei keinen anderen verletzt. Wenn er darauf steht, jedes Wochenende eine andere bei sich im Bett zu haben, dann soll er es doch machen. Es ist seine Sache. Das Wesentliche ist, dass du entscheidest, ob du so etwas in deinem Leben haben willst oder nicht.

Ob es okay für dich ist oder nicht: Du solltest niemals jemanden verurteilen, denn wenn du das tust, bist du sowieso ganz schnell Geschichte. Das ist der Grund, warum vor allem Frauen erst einmal testen, ob einer der richtige Mann ist. Ich weiß, wenn du ein Mann bist, kannst du dir das nicht vorstellen, aber eine Frau erhält ständig Nachrichten. Ununterbrochen kleben irgendwelche Jungs oder Männer an ihrem Hintern und versuchen, sie zu erobern. Sie kann es sich leisten, wählerisch zu sein. Außerdem weißt du nie, wer sich hinter diesen Profilen verbirgt. Eine Frau hat tatsächlich ein viel größeres Angstzentrum, also eine aktivere Amygdala als der Mann. Es gibt Statistiken, die sagen, dass jede vierte Frau bis zu ihrem 18. Lebensjahr missbraucht wurde und dass sogar 50% der Frauen im amerikanischen Militär vergewaltigt oder sexuell belästigt wurden. Das zeigt uns, dass Kontakte zu Männern bei vielen Frauen auch von einer gewissen Angst begleitet werden können.

Ich habe einmal von einer Studie gelesen, bei der das Angstzentrum von Frauen untersucht wurde. Wie würde das Angstzentrum der Frau reagieren, wenn sie die Hand eines Mannes hält? Dabei gab es drei verschiedene Arten von Männern. Ein Unbekannter, einer, mit dem die jeweilige Frau eine glückliche Beziehung hatte, und einer mit einer mittelmäßigen Beziehung. Wenn die Frauen die Hand des Unbekannten hielten, wurde das Angstzentrum stark aktiviert. Als die Frauen die Hand des mittelmäßig zuverlässigen Mannes hielten, gab es im Angstzentrum nur teilweise eine Reaktion. Erst, wenn die Frauen die Hand eines zuverlässigen Mannes hielten, konnte keine Angst gemessen werden. Was heißt das für Männer, die Frauen kennen lernen wollen? Du solltest davon ausgehen, dass Frauen – ob bewusst oder unbewusst – oft erst einmal Angst empfinden, wenn sie mit fremden Männern näher bekannt werden. Es gilt also, Vertrauen aufzubauen und seine Zuverlässigkeit zu beweisen. Das geht nun mal nicht über Nacht, also hab Geduld.

Und gib nicht zu schnell auf. Anfangs wird eine Frau erst einmal testen, ob du überhaupt geeignet für sie bist. Dabei spielen viele Faktoren eine Rolle: Angst, die gesellschaftlichen Erwartungen, evolutionäre Verhaltensmuster und so weiter. Also wundere dich beim nächsten Mal nicht, wenn eine Frau, die offensichtlich Single ist, sagt, dass sie einen Freund hat. Es ist ein bloßer Test, um zu sehen, wie du dich machst. Es gilt darum herauszufinden, wie du dich in Stresssituationen verhältst. Wirst du ins Zittern geraten oder reagierst du mit Humor und Leichtigkeit? Denn auch das ist eine sehr wichtige Eigenschaft, mit der du andere Menschen für dich gewinnst. Hier haben die meisten Schwierigkeiten. Das Ansprechen selbst. Du kennst bestimmt den Moment, wenn du gelangweilt in der Bahn sitzt und plötzlich steigt dein Traummann ein. Die Aura, die in der Luft liegt, ist beinahe erdrückend, aber du traust dich einfach nicht. Deshalb lass uns ein bisschen tiefer in die Materie gehen.

ANSPRECHEN

Die Angst ist ein Signal, das dir sagen will, dass etwas in deinem System nicht stimmt, das hatten wir ja ausführlich besprochen. Es geht also darum, zu verstehen, dass auch hier die Angst ausschlägt, weil du mit dem Verstand den Wunsch hast, eine glückliche Beziehung zu führen, im Unterbewussten aber noch zu viele Blockaden hast, um es wahrzumachen. Viele glauben immer noch, dass der erste Schritt immer vom Mann ausgehen sollte, was Quatsch ist. Jeder von uns sollte aktiv werden, wenn es darum geht, den Partner fürs Leben zu finden.

Leider aber sind wir gerade heute in einer wirklich narzisstisch veranlagten Zeit angekommen, in der so gut wie jeder Mensch ein Instagram-Profil hat, mit dem er versucht, mehr zu sein, als er eigentlich ist. Bilder, die man aus einem bestimmten Winkel schießt, dann bearbeitet und am Ende dann das Lob dafür kriegt, und zwar in Form von Likes und Kommentaren. Da kann man schon mal auf die Idee kommen, dass man was Besonderes ist. Diese Überzeugungen jedoch helfen nicht wirklich im Aufbau von neuen Freundschaften oder Partnerschaften. Wenn du jemanden kennenlernen willst, ist es nicht hilfreich, dich total unnahbar und wie ein Superstar zu geben. Den Männern unter den Lesern ist es sicherlich schon aufgefallen, wie gut viele Frauen darin sind, zu verbergen, dass sie Interesse an dir haben, so nach dem Motto: »Wenn du ein echter Mann bist, dann brauchst du kein Signal und kommst einfach rüber, um mich anzusprechen!« Das Problem ist, wenn eine Frau dem Mann keine positiven Signale gibt oder nur arrogante Blicke aussendet, um sich begehrenswerter zu machen, dann tut sie eigentlich genau das Gegenteil. Es ist logisch, dass du als Frau damit die Chancen, einen Mann kennenzulernen, auf das absolute Minimum reduzierst. Natürlich

darfst du altmodisch denken und dem Mann den ersten Schritt überlassen. Dann solltest du aber auf jeden Fall genügend positive Signale
aussenden. Falls du ein Mann sein solltest, dann solltest du auf folgende
Signale bei der Frau achten:

Signale der Frau

- Sie setzt sich auffällig neben dich.
- Sie checkt den gesamten Raum mit den Blicken ab.
- Sie landet zwischendurch mit dem Blick bei dir.
- Sie fixiert deinen Blick.
- Sie lächelt, während sie zu dir rüberschaut.
- Sie zuckt die Augenbrauen kurz nach oben.
- Sie präsentiert dir ihren Nacken.
- Sie leckt ihre Lippen.
- Sie trägt Lippenstift auf, während du sie beobachtest.
- Sie macht ein Duckface.
- Sie streicht über ihre Haare, Arme, Beine, Brust etc.
- Sie lehnt sich in deine Richtung.
- Ihre Füße zeigen zu dir.

Was man am häufigsten sieht, ist der kurze Blick zu dir rüber und das
Lächeln. Der zweite Schritt ist, dass du als Mann die Signale der Frauen
erkennst und richtig deutest. Dann kommt dein Charme ins Spiel.
Natürlich muss es nicht immer ein Signal sein, wenn man gerade zufällig
den Nacken einer Frau sehen kann, dennoch ist es ratsam, dass man die
Ein-Sekunden-Regel anwendet. Sobald du das Gefühl hast, dass du sie
ansprechen solltest, musst du diesem Impuls sofort nachgeben, innerhalb einer Sekunde. Jede Sekunde, die du zögerst, lässt deine Gedanken und die Angst in dir hochkommen. Deshalb sei dir dessen bewusst:
Je länger du warten solltest, desto schlimmer wird es. Hast du also in

Zukunft länger als eine Sekunde gezögert, dann kannst du dir das Ganze gleich abschminken. Finde dich damit ab, dass du es vermasselt hast, und versuche es bei der nächsten Begegnung noch mal, denn sonst wird es zur Gewohnheit, jedes Mal zu zögern.

Wenn du Schwierigkeiten hast, eine Frau überhaupt anzusprechen, dann solltest du dich ein paar Wochen lang genau darauf fokussieren. Spring einfach ins kalte Wasser. Denk nicht darüber nach, was du am besten zu ihr sagen könntest, dann kannst du es gleich vergessen. Entweder du hast die Signale richtig gedeutet, und sie findet dich gut – dann ist es egal, was zu ihr sagst. Oder du hast die Signale nicht richtig gedeutet, dann kannst du eh nicht bei ihr landen – und es ist auch egal, was du zu ihr sagst. Das sollte den Druck von dir nehmen. Der erste Schritt ist immer der schwierigste, doch sobald du einmal im kalten Wasser bist, wirst du plötzlich merken, dass es nicht so schlimm ist, wie du es vermutet hattest. Ein Gespräch aufbauen ist so ähnlich wie das Surfen. Du kannst vielleicht noch nicht surfen, aber je häufiger du es versuchst, desto einfacher wird es und desto besser wirst du darin. Anfangs jedoch wirst du enorme Angst davor haben, in dieses kalte Wasser zu springen, und, ja, du wirst ständig vom Board fallen und damit wieder ins kalte Wasser. Aber irgendwann kommt der Punkt, wo es dich nicht mehr interessiert. Dasselbe ist es mit dem Ansprechen. Anfangs hast du immer wieder Angst, jemanden anzusprechen.

Was dabei hilft, ist, zuerst deinen Zeh ins kalte Wasser zu tun, dann deinen ganzen Fuß, dann den unteren Körper und dann komplett im Wasser abzutauchen. Dadurch wirst du die Angst vor dem Wasser verlieren. Im übertragenen Sinn heißt das, dass das Ansprechen nicht erst im Club anfängt, sondern bereits auf dem Weg dorthin. Du solltest also nicht erst eine bestimmte Situation oder Gelegenheit abwarten, bevor du jemanden ansprichst. Probiere es überall. Die Frau vor dir in der Schlange im Supermarkt sieht toll aus? Prima! Sag es ihr direkt. Sie wird

sich über das Kompliment freuen. Du siehst, wie dieses süße Mädchen an der Tankstelle Probleme mit ihrem Tankdeckel hat? Bestens! Geh zu ihr rüber und biete deine Hilfe an. Wichtig ist, dass du niemals anfängst nachzudenken, denn dann ist der Moment garantiert schon wieder vorbei und die Hübsche über alle Berge.

Es geht nicht darum, jemanden abzuschleppen, sondern es geht ums Training. Deshalb ist es auch egal, wenn die Frauen gar nicht so richtig dein Fall sind. Sieh es als Übung an für den Zeitpunkt, an dem die Richtige ums Eck kommt. Wenn du dich allgemein schwertust, gegenüber Frauen den Mund aufzubekommen, dann fang mit Männern oder alten Omas an. All das ist Training. Stell dir vor, du möchtest 100 Kilo stemmen, ohne dich vorher aufzuwärmen. Das wird dir auch nicht gelingen, oder wenn schon, dann mach dich bereit für einen Muskelriss. Das Gleiche ist es beim Ansprechen. Wenn du noch zu sehr im Kopf bist, also im Verstand, dann wird es dir schwerfallen, jemanden anzusprechen. Fang beim Kassierer an der Tankstelle an, dann beim Schaffner in der Bahn. Frage willkürlich Leute auf offener Straße nach dem Weg, egal ob Mann oder Frau, jung oder alt. Lediglich aus dem Grund, um dich aufzuwärmen. Dadurch kommst du nämlich mehr in deinen Körper. Du gewöhnst dich an das kalte Wasser. Du änderst deine Wahrnehmung der Situation. Stell dir vor, du hast einen warmen Körper und tust deine Hand in warmes Wasser. Nach so viel Training wirst du gut aufgewärmt sein, wenn du dann mal wirklich eine Spitzenfrau ansprechen willst. Selbst, wenn dir niemand Signale geben wird, stehen deine Chancen dann um einiges höher, das kann ich dir versichern.

Ein weiterer *Hack*, um dir das Leben leichter zu machen, ist Selbstironie. Wenn in deinem Kopf all diese Stimmen sagen »Das kann ich nicht, das will ich nicht, das schaff ich nicht!« und dich verrückt machen wollen, dann fang an, dich darüber lustig zu machen. Beispielsweise indem du deine Stimmen im Kopf nachäffst, wie ein kleines Kind: »Bäh, ich bin ein kleines Baby, und ich kann das nicht. Wuäääh. Wuääh. Ich bin so ein kleines Baby.« Mach dich über dich selbst lustig, so lange, bis du nur noch darüber lachen kannst. Nutze das Prinzip der Lächerlichkeit, und stell dir vor, wie du jammernd dasitzt und wie lächerlich es eigentlich ist. Das wird dazu führen, dass sich der Ernst in deinem Kopf löst und du mehr in die Ruhe kommst.

Als Nächstes empfehle ich dir, Autosuggestion zu nutzen. Das heißt, du wiederholst ständig dieselben Sätze, immer wieder und wieder. Anstatt in deinem Kopf zu wiederholen, dass du ein Versager bist, wenn sie dir einen Korb gibt, sage dir folgende Sätze: »Sie wartet nur darauf, von mir angesprochen zu werden. Sie kann es kaum erwarten, dass ich sie anspreche. Sie brennt darauf, von mir angesprochen zu werden. Sie schreit danach, von mir angesprochen zu werden.« Sage dir diese Sätze immer wieder und wieder, so lange, bis du davon kotzen musst. Dadurch änderst du dein unterbewusstes Programm allmählich.

Ein weiterer Trick, den ich dir verraten möchte, ist, einen größeren Schmerz zu erzeugen als den, den du momentan hast, wenn du einen Korb bekommen solltest. Such dir beispielsweise einen Freund, dem du vollständig vertraust. Gib ihm dein gesamtes Monatsgehalt und sag ihm Folgendes: »Sollte ich heute keine Frau ansprechen, dann darfst du dieses Monatsgehalt behalten.« Dadurch erzeugst du psychologischen Schmerz, der größer ist als Ablehnung. Dieses Monatsgehalt bedeutet Überleben für dich. Du wirst einen Monat hungern müssen, wenn du niemanden ansprichst. Schmerz ist eine sehr gute Motivation, um in die Gänge zu kommen, da kannst du dir wirklich sehr sicher sein.

WAS SOLL ICH SAGEN?

Jetzt kommt vor allem wieder der State ins Spiel. Außerdem musst du dafür die Story in deinem Kopf ablegen. Damit meine ich deine Absichten. Sieh das Ganze nicht mehr als eine Möglichkeit, um die Frau deines Lebens zu finden oder eine Frau ins Bett zu bekommen. Ganz schlechte Idee. Jede Absicht erzeugt Druck, und Druck ist nie gut in Gesprächen. Um das Ganze also erfolgreich über die Bühne zu bringen, ist es wichtig, dass du die Aktion des Ansprechens als Spaß betrachtest. Vergiss die Angst und die mögliche Ablehnung, das kommt vor. Aber das allermeiste am Frauenansprechen wird Spaß machen, das verspreche ich dir.

Es geht darum, zu surfen. Genieße das Surfen und mach dir keine Sorgen um irgendetwas anderes. Nenne es nicht mehr Angst, sondern Aufgeregtheit, wenn du gerade wieder unterwegs bist, um Gespräche zu eröffnen. Sieh die Ablehnungen nicht mehr als Ablehnungen, sondern als einen Sprung ins kalte Wasser, der nur kurzfristig unangenehm ist. Gleich wirst du wieder auf dein Board aufsteigen, um weiterzusurfen. Sieh einen sogenannten Korb nicht als Ablehnung, sondern als Gewinn. Thomas Alva Edison sagte einmal: »Ich habe nicht versagt. Ich habe nur 10 000 Wege gefunden, die nicht funktionieren.« Dasselbe ist es beim Ansprechen. Es geht darum, so viele wie möglich auszusortieren, die *nicht* die Richtige sind, um am Ende die eine Richtige zu finden. Das ist das, was zählt. Deshalb ist jede Ablehnung ein Geschenk. Dies ist ein völlig anderer State, um das Ganze zu betrachten. Er wird dir so einiges leichter machen und dir die Möglichkeit geben, ehrlicher und offener in Gespräche zu gehen.

Was aber genau sollst du sagen? Versuche zunächst – wie ich es im vorigen Kapitel beschrieben habe –, den Druck von dir zu nehmen, dass es so überaus wichtig ist, was du sagst. Wenn du erst einmal in einem stärkeren State bist, fange an, dich für die Menschen zu interessieren. Das ist meiner Meinung nach das Wichtigste überhaupt. Stell dir vor, du stehst neben ihr im Buchladen, und sie nimmt sich dieses Buch hier. Schau hin und frage sie: »Warum gerade dieses Buch?« Interessiere dich für ihre Wahl. Versuche herauszufinden, was hinter ihrer Fassade steckt. Wenn sie blaue Schuhe trägt, dann frag sie: »Warum gerade blau?« Einfach so, aus dem Nichts heraus. Aus reinem Interesse, denn wenn sie dich wirklich interessiert und es dir um *sie* geht, weil du dein Ego zurückgeschraubt hast, keine Absicht mehr hast und es dir nicht mehr um *dich* geht, dann wird das jeder Mensch merken und offen zu dir sprechen. Selbst wenn dieser Mensch dich ablehnen sollte, weil er oder sie einen schlechten Tag hat, dann brauchst du dir keine Schuldgefühle machen, da du einfach nur aus Interesse gefragt hast.

Sei bitte mal ehrlich: Erinnerst du dich noch an die ersten Worte, die du mit deinen Freunden ausgetauscht hast, als du sie kennengelernt hast? Nein? Ich auch nicht. Ich habe keinen blassen Schimmer, denn es spielt keine Rolle, was du am Anfang sagst. Mit der Zeit vergessen wir das so oder so. Was wirklich eine Rolle spielt, ist, dass du das Gespräch eröffnest. Sobald du nämlich surfen kannst, brauchst du dir nie mehr Sorgen darüber zu machen, dass du ertrinken wirst. Du hast die Quelle. Du kannst jederzeit Menschen kennenlernen und musst nie mehr ein Leben in Mangel leben, sondern kannst in Fülle vorangehen.

OKAY, DAS GESPRÄCH IST ERÖFFNET, ABER WAS JETZT?

Als Nächstes geht es darum, das Gespräch am Laufen zu halten. Wie gesagt, es geht immer um das Warum – um das Interesse, das du deinem Gesprächspartner entgegenbringst. Versuche, zu interpretieren, warum sie eben dieses Buch genommen hat: »Warum gerade dieses Buch? Suchst du noch nach der Liebe?«

Sie: »Hm. Sucht nicht jeder auf der Welt nach Liebe?«

Du: »Da hast du recht. Ich suche auch nach Liebe. Das mag sich jetzt ein bisschen eso anhören, aber ich versuche, die Liebe in allen Bereichen in mein Leben zu ziehen. Glaubst du an sowas?«

Sie: »Hm, ja, die ewige Liebe. Ich weiß nicht. Kennst du dich damit aus? Ich habe noch nie dauerhafte Liebe erfahren.«

Du: »Weißt du was, magst du auf einen Kaffee mit mir gehen? Ich habe eine interessante Theorie zum Thema Liebe ...«

Nach fünf Sätzen hättest du schon ein Date! War doch gar nicht so schwer, oder?

Du merkst wahrscheinlich schon, worauf ich hinauswill. Quatsche nicht einfach wild drauflos, sondern stelle Fragen. Sie zeigen deiner Gesprächspartnerin, dass du ehrliches Interesse an ihr hast. Außerdem geben sie dir Zeit zum Nachdenken, was du als Nächstes sagen könntest. Sobald du dann im Gespräch bist, geht es wieder ums Surfen. Denk nicht so viel nach, sondern genieße es. Es ist vollkommen normal, wenn es im Gespräch peinliche oder stille Momente gibt. Wenn dir etwas unangenehm ist, sprich es an: »Hm, jetzt weiß ich gar nicht, was ich sagen soll – du. Du machst mich eben sprachlos!« Ein solches Gespräch findet auf der emotionalen Ebene statt. Deshalb geht es vor allem darum, Emotionen zu wecken. Je mehr ehrliche Emotionen du dabei zeigst, desto besser. Du wirst dann niemals kalt oder arrogant wirken, sondern ziemlich schnell Vertrauen herstellen.

PROVOKATION ALS TEST

Wenn du zunehmend sicherer durch dein Ansprech-Training geworden bist, kannst du an der nächsten Stufe arbeiten. Und zwar daran, wie du gezielt ein Gespräch steuerst. Dabei kannst du ruhig etwas provokativer vorgehen.

Dabei kommt uns wieder die Skala von eins bis zehn zu Hilfe. Wie bereits erwähnt, ist jeder Mensch auf einer bestimmten Stufe seines Lebens. Ist dieser Mensch bereits auf einer Zehn, dann kannst du dir sicher sein, dass er sehr selbstbewusst ist und nicht auf irgendwelche dummen Sprüche eingeht. Ist der Mensch jedoch eher auf einer Drei, dann werden vor allem neckische Sprüche gut bei ihm oder ihr ankommen. Mit neckisch meine ich, etwas provokativ. Das typische Spiel von heiß und kalt. Schau dir zum Beispiel den folgenden Satz genauer an: »Es gibt nichts auf der Welt, was mich so zum Lachen bringen kann wie Tiere. Weil sie *süß* und gleichzeitig tollpatschig sind. Ungefähr so wie du, aber *an dem süß arbeiten wir noch.*« Hier hast du ihr zuerst die Schokolade gegeben und sie dann weggenommen. Das ist das typische Necken.

Wie gesagt: Wir Menschen sind sehr oft darauf aus, Bestätigung und Beachtung zu bekommen. Das lindert ein wenig die Angst, die wir tief in uns tragen. Es geht in einem Gespräch mit einem Menschen, der noch auf einer Drei, Vier oder Fünf ist, vor allem darum, die Ängste zu vermeiden. Wenn du absehen kannst, wo auf der Skala dein Gegenüber steht, kannst du gezielt kommunizieren. Menschen, die auf der Skala etwas weiter unten stehen, solltest du eher bestätigten und ihnen Komplimente machen. Oder aber, du traust dich und fährst die provokante Linie. Was meinst du wird eine Frau, die auf der Skala ihres Lebens weiter unter steht, auf den Satz von oben antworten? Vielleicht: »Was, du findest mich nicht süß? Das ist dein Problem, schau doch selbst mal in den Spiegel.« Oder: »Es geht dich gar nichts an, ob ich süß bin oder nicht.« So ein Satz greift nämlich direkt die Maske an. Der Glaube der Bestätigung, dass sie perfekt ist, wurde gerade eben durch diesen Satz angekratzt. Plötzlich fühlt sie sich dazu hingezogen, auf diese Nachricht zu reagieren und sich zu rechtfertigen.

Warum das so ist? Weil sie ihr Bild von sich selbst bestätigen muss. Dieses Bild sagt, dass sie perfekt ist. Dieser Satz löst bei Menschen mit geringem Selbstbewusstsein eine innere Angst aus, dass die Maske, die sie sich aufgesetzt haben, zerbrechen könnte. Denn dann würde das wahre Gesicht rauskommen, und das ist der mangelnde Selbstwert. Wenn das der Fall ist, wird sie immer so antworten, dass der Riss in der aufgesetzten Maske verschwindet. Sollten diese Sätze dich in irgendeiner Weise emotional berühren, dann ist das tatsächlich ein klares Zeichen dafür, dass du in dir selbst noch Teile hast, die du nicht akzeptieren willst und die eben dem entsprechen, was ich gerade erwähnt habe.

Triffst du mit dem Satz allerdings auf eine Frau, die auf der Selbstwert-Skala weiter oben ist, wird es ziemlich sicher ein interessantes und witziges Gespräch werden. Ich könnte mir vorstellen, dass so eine Frau zum Beispiel antwortet: »Aha, ich bin dir nicht süß genug? Das würde ich aber mal gerne wissen, wie du daran arbeiten willst.« Eine Steilvorlage für weitere Neckereien!

Menschen mit größerem Selbstbewusstsein werden sich von so einem Satz nicht angegriffen fühlen, sie haben keine Angst. Selbstbewusstsein heißt ja immerhin, dass man weiß, wer man selbst ist, ganz egal, was jemand anderes sagt. Deshalb lässt sich dadurch auch nicht allzu viel Angst erzeugen. Die Mehrheit der Leute da draußen ist jedoch noch lange nicht auf einem Zehner-Level. Sie alle haben noch tiefe Ängste, die aufgearbeitet werden müssen. Probiere es während deines

Ansprech-Trainings mal aus. Je nachdem, wie derjenige auf deinen Satz reagiert – ängstlich oder kreativ –, weißt du, wen du vor dir hast. Dann kannst du dir immer noch überlegen, ob du die Person in dein Leben ziehen willst. So kannst du im Gespräch das Prinzip von heiß und kalt nutzen, um zu schauen, wie der Mensch darauf reagiert, und zu erkennen, auf welchem Level dieser Mensch sich befindet.

Dann geht es natürlich darum, dass du wissen musst, was du überhaupt sagen sollst. Tatsächlich spielt das aber keine allzu große Rolle, wie ich bereits geschrieben habe. Es geht nicht darum, dass du perfekte Inhalte lieferst, sondern eher darum, *wie* du sie lieferst. Der Inhalt des Gesprächs macht gerade mal 10% der weitergegebenen Information aus. Der Rest davon wird durch Tonlage und Körpersprache transportiert. Dabei ist die Körpersprache das allerwichtigste Kommunikationsmittel ist. Sie ist direkt mit dem Unterbewusstsein verbunden. Seine Mimik und Gestik kann man auch extrem schwer fälschen. Der Inhalt deines Gespräches könnte schlichtweg gelogen sein. Es ist unfassbar einfach, ein paar Lügen zu erfinden, die dich besser dastehen lassen. Die Tonlage lässt sich ebenfalls noch einfach faken. Die Körpersprache jedoch passt sich unserem Unterbewussten an, ohne dass wir es merken.

Die Körpersprache drückt sich in unzähligen Kleinigkeiten aus. Zeigen die Mundwinkel nach oben? Strahlen die Augen? Kaust du ununterbrochen an deinen Lippen? Sind die Hände fahrig oder ruhig? Und so weiter. Meistens fallen diese Dinge nicht groß auf, aber wir haben unterbewusst gelernt, sie zu deuten. Deshalb ist es ja auch so unfassbar wichtig, unseren State zu verändern und unser Unterbewusstsein umzuprogrammieren.

Für alle, die es ganz genau wissen wollen, hier noch konkrete Tipps zu Inhalt, Tonlage und Körpersprache.

Inhalt

Der Inhalt macht zwar nur 10% unserer Botschaft aus, dennoch solltest du ihn interessant gestalten. Ich hatte ja erwähnt, dass wir Menschen vor allem in Bildern denken. Versuche also, wenn du jemanden ansprichst, ein Bild in seinem Kopf zu malen, anstatt Zahlen oder Fakten zu präsentieren. Wenn du beispielsweise über einen außergewöhnlichen Moment wie einen wunderschönen Sonnenaufgang redest, dann reicht es nicht, wenn du einfach nur sagst: »Ja, es war voll schön.« Das ruft kein Bild in deinem Gesprächspartner hervor und damit auch keine Emotion.

Damit wir etwas wirklich fühlen können, brauchen wir spezifische Details, die unsere Sinne ansprechen: hören, fühlen, sehen, riechen und schmecken. Alle diese Sinne solltest du in deinem Gespräch anregen. Bleiben wir bei dem Beispiel mit dem Sonnenaufgang. Du könntest ihn so beschreiben: »Ich konnte förmlich die Wärme auf meiner Haut spüren (fühlen), als die Sonne aufging. Während es gerade noch stockdunkel gewesen war, konnte ich plötzlich jeden Grashalm weit und breit erkennen (sehen), als es heller wurde. Gleichzeitig konnte ich das Salz des Meeres schmecken (schmecken), während die Wellen sanft gegen die Felsen trommelten (hören). In diesem Moment waren meine Nasenflügel so frei, dass ich gefühlt jede Blume in der Umgebung riechen konnte, wie ein Gemisch aus vielen bunten Farben (riechen).« Na, welches Bild hast du jetzt in deinem Kopf?«

Tonlage

Bei der Tonlage ist es wichtig, zu beachten, dass deine Stimme nicht zu hoch wird, denn das wirkt nicht gerade selbstbewusst, sondern total unsicher. Stell dir folgenden Satz einmal in zwei verschiedenen Varianten vor: »Und? Was machst du?« Einmal mit einer total hohen, fragenden Stimme und einmal mit einer gesetzten, ruhigen Stimme. Versuche auch mal, diesen Satz in unterschiedlichen Tonlagen laut vor dem Spiegel auszusprechen, dann wird der Unterschied noch deutlicher. Merkst du, in welcher Tonlage du am attraktivsten wirkst? Eher in der Mitte. Zu hoch wirkt unsicher, zu tief abschreckend.

Wichtig ist es auch, nicht gelangweilt zu klingen. Dies ist auch ein großes Problem, das man aber sehr leicht in den Griff kriegen kann. Sei mit den Gedanken ganz bei deinen Worten, während du sprichst. Stell dir vor, du bist Filmschauspieler und müsstest den Satz so überzeugend rüberbringen, dass keiner merkt, dass er nur gespielt ist. Lege also deine Intention und dein Interesse auch in deine Tonlage.

Körpersprache

Ich denke, das Wichtigste, das du an deiner Körpersprache beeinflussen kannst, ist der Augenkontakt. Schau deinem Gesprächspartner in die Augen, dann weiß er sofort, dass du dich nur für ihn oder für sie interessierst. Sobald deine Augen im Raum umherwandern, wirkst du nervös. Schaust du ständig woanders hin, bist du gedanklich auch woanders. Mit so jemandem möchte keiner reden. Nutze deinen gesamten Körper, um zu signalisieren, ob du jemanden beachtenswert findest. Dreh dich zu ihm oder ihr hin und achte darauf, dass deine Beine und Arme locker sind. Wenn du eine offene Körpersprache hast, dann zeigst du, dass du dich sofort zur Verfügung stellst, ohne dass dein Gegenüber irgendetwas dafür tun musste. Wenn du jedoch aus einem State von »Ich bin sehr viel wert, und ich spreche dich jetzt an, um dir die Chance zu geben, um dich zu beweisen« mit jemandem redest, dann würdest du ihm nicht sofort deinen ganzen Körper zuwenden. Ich weiß, das klingt alles total logisch, es ist aber in der Realität richtig schwer umzusetzen.

Setze deine Körpersprache bewusst ein. Nehmen wir das Beispiel von vorhin, du sprichst jemanden im Buchladen an. Du stehst parallel neben ihr und eröffnest das Gespräch. Wenn du merkst, dass sie etwas sagt, was dir gefällt, dann drehe dich ganz bewusst zu ihr hin.

Nimm die Hände aus den Taschen, sie sind die ehrlichsten Körperteile an dir. Solange du sie in der Hosentasche hast, wirkst du, als hättest du etwas zu verbergen. Das Offenlegen der Hände zeigt, dass du nichts zu verstecken hast. Nutze die Hände auch, um zu sehen, wie weit du bereits bist, wenn es um Vertrauen geht. Wenn du einen Witz gemacht hast, und ihr beide lacht, dann berühre sie am Arm und achte darauf, wie sie reagiert. Es gibt drei verschiedene Möglichkeiten, zu reagieren. Entweder sie dreht sich weg, bewegt sich ein Stück in deine Richtung oder sie macht nichts von beiden, bleibt also neutral. Ist Letzteres der Fall, dann weißt du, dass du auf einem guten Weg bist, aber noch etwas mehr Vertrauen aufbauen musst. Wenn sich jemand wegdreht, gehe im weiteren Gesprächsverlauf etwas behutsamer vor. Wenn sie dir jedoch mit ihrem Körper ein Stück entgegenkommt, weißt du, dass du schon einen Schritt weiter bist. Dieser Mensch mag es wohl, dir nahe zu sein. Mit ihm kannst du ohne Weiteres sofort ein Date ausmachen, ohne einen Korb zu bekommen.

Erwarte dabei nicht, dass er oder sie sofort mit zu dir nach Hause kommt. Alles Schritt für Schritt. Tausche Nummern aus und versuche, euer Gespräch über soziale Netzwerke am Laufen zu halten. Damit sie sich an dich erinnert, schreibe ihr einen Text oder eine Nachricht mit Inhalten aus eurem Gespräch, die besonders witzig waren. Damit greifst du positive Emotionen wieder auf.

DIE VERBINDUNG UND WAS DANACH KOMMT

Okay, ich habe dir jetzt gezeigt, wie du jemanden ansprechen kannst. Wenn das optimal läuft, hast du ziemliche viele Chancen für Dates. Bei einem Treffen zu zweit solltet ihr euch nach Möglichkeit nicht sofort näherkommen, sondern erst einmal eine Verbindung aufbauen. Wie soll das geschehen? Am wichtigsten sind Gespräche und gemeinsame Erlebnisse. Ich rate eher davon ab, bei einem der ersten Dates ins Kino zu gehen. Wie wollt ihr da eine Verbindung aufbauen? Klar, ihr könnt beide den Film ansehen, dabei seid ihr aber mit euren Emotionen allein. Oder ihr könnt rumknutschen, das ist dann schon wieder körperlich. Ein nettes Café ist natürlich möglich, aber wähle es gut aus, nicht dass plötzlich all deine Freunde reinplatzen und du dich nicht mehr auf die Frau, die du erobern möchtest, konzentrieren kannst.

Ich empfehle immer, einen schönen neutralen Ort zu wählen, an dem ihr relativ ungestört seid. Überlege dir zum Beispiel, welcher Ort in der näheren Umgebung dich besonders inspiriert, und lade sie dorthin ein. Nimm eine Decke und etwas zu knabbern für sie mit, das gefällt jeder Frau. Erkläre ihr, was den Ort für dich so besonders macht, und schon habt ihr ein neues Gesprächsthema. Beim nächsten Date kann sie ja einen ihrer Lieblingsorte vorschlagen. Lass dich überraschen. Hab auf jeden Fall keine Angst vor Gesprächspausen. Es geht nicht darum, dass du ununterbrochen quasselst. Lernt euch einfach besser kennen und baut Vertrauen zueinander auf. Du bist kein großer Redner? Dann verlege dich auf die Fragetechnik und versuche, viel über deine Angebetete herauszufinden. Dieses Wissen gibt dir die Möglichkeit, in Worten oder Taten näher auf sie einzugehen.

Sei kreativ und lass dir etwas einfallen. Mit der Zeit wirst du Übung darin bekommen und plötzlich merken, dass es gar nicht so sehr darauf ankommt, was du sagst, sondern viel mehr, dass du deinem Date eine positive Energie übermittelst. Wenn es zu Stille kommen sollte, dann ist das ebenfalls kein Problem. Die meisten versuchen, Stille mit einer Hektik zu überdecken, die kaum zu ertragen ist. Man lässt sich irgendwelche merkwürdigen Dinge einfallen, nur um diese Stille zu füllen. Sollte es mal still werden, dann lass es einfach so sein, ohne dich unter Druck zu setzen. Versuche, ihren Vibe zu erspüren und ihn zu genießen. Irgendwann werdet ihr den gleichen Vibe haben – das ist dann die magische Verbindung.

Keine Sorge, du wirst es spüren, wenn es so weit ist. Sie wird es auch spüren. Überstürze jetzt nichts, sondern genieße den Moment und die besondere Verbindung, die du zu einem anderen Menschen spürst. Dies sind seltene Momente in unserem Leben, und sie machen uns glücklich.

Ich weiß, du hast jetzt lange gewartet, aber jetzt kommt er: der erste Kuss. Der erste Kuss ist etwas Besonderes für eine Frau. Solltest du also ein Mann sein, dann lege ich es dir ans Herz, hier besonders achtsam vorzugehen, denn einen ersten Kuss vergisst man nicht so schnell. Ein Kuss ist sogar intimer als Sex, also pass gut auf. Es hört sich blöd und eigentlich selbstverständlich an, aber es ist wirklich wichtig, dass du einen sauberen Mund hast. Orale Hygiene sollte auf jeden Fall nicht zu kurz kommen. Es gibt nichts Unangenehmeres, als noch die Bohnen vom Mittagessen oder die Kippen zu schmecken, die du vor ein paar Minuten geraucht hast. Putze dir also vor jedem Date unbedingt die Zähne und steck zur Sicherheit einen Kaugummi ein.

Viele Männer haben Angst, die Signale der Frauen nicht richtig zu deuten. Hier solltest du wieder sehr auf ihre Körpersprache achten. Ein typisches Signal, wenn eine Frau geküsst werden will, ist, wenn sie sich in die Lippen beißt oder daran leckt. Sobald du dies erkennst, weißt du, dass sie zumindest übers Küssen nachdenkt. Außerdem beobachte, wo ihre Augen hingehen. Wenn sie ständig auf deine Lippen fallen, dann weißt du ebenfalls, dass ein Interesse am Kuss besteht und dass es der ideale Moment sein könnte. Wenn du immer noch nicht genug Sicherheit hast, dann überprüfe, ob sie dir körperlich nähergekommen ist. Das ist das ultimative Zeichen. Sitzt sie immer noch einen Meter weit weg, würde ich erst mal selbst ein bisschen näher rücken und sehen, wie sie reagiert. Hat sie sich dagegen zu dir gebeugt, und ist ihr Körper dir zugewandt, kannst du es wagen! Nähere deinen Kopf ein wenig und schau, ob sie den Kopf da lässt, wo er ist, oder ob sie ihn weiter zurücknimmt. Kommt die Frau sogar noch näher an dich heran, würde ich ihr ganz zart über die Haare streichen. Hier könnte sie einen letzten Rückzieher machen, falls sie doch nicht geküsst werden will. Komm nun noch näher an ihr Gesicht heran und lege deine Lippen ganz sanft auf ihre. Ab hier bist du auf dich allein gestellt, es gibt kein pauschales Rezept, welcher Kuss immer funktioniert. Manche Frauen möchten ganz zart beginnen, andere legen gleich richtig los. Versuche, den Kuss zu fühlen und dich im Rhythmus des Kusses zu bewegen, ohne deine Zunge wie eine Maschine reinzudrücken. Erspüre, was ihr und dir in dem Moment am besten gefällt.

ERST EINMAL TESTEN

Eine Beziehung ist eine wirklich große Sache, und sie könnte über ein glückliches oder miserables Leben entscheiden. Deshalb kannst du nicht gut genug vorbereitet sein, um all die Miseren zu vermeiden, die auf dich warten könnten. Die Frauen machen es meist intensiver und bewusster als die Männer. Tatsächlich machen es die Männer so gut wie gar nicht. Wovon ich rede ist, zu testen. Vorab zu überlegen, ob der Mensch, mit dem wir gerade so viel Zeit verbringen, überhaupt der richtige ist.

Wenn wir verliebt sind, sehen wir alles durch die rosarote Brille. Das heißt, dass wir unseren Partner oder unsere Partnerin uneingeschränkt toll finden. Dabei übersehen wir leider all die wichtigen Kleinigkeiten, die mit den Jahren wichtig werden. Auch wir selbst versuchen, uns im besten Licht zu zeigen und unsere Fehler zu verstecken. Wir geben uns immer besser, als wir eigentlich wirklich sind. Deshalb geht es unbedingt darum, hinter die Fassade zu schauen, indem wir auf Kleinigkeiten achten. Es gibt nämlich eine traurige Wahrheit: Auch wenn wir ein Leben lang an uns arbeiten, im Kern bleiben wir doch gleich. Wenn wir einen neuen Partner haben, hoffen wir nämlich oft, dass ein neuer Mensch aus uns wird, aber das ist natürlich im Bereich eines Wunders.

Umgekehrt ist es natürlich auch so. Überlege dir vorher: Was ist dir besonders wichtig an einem Mann? Was würde mich an einer Frau besonders stören? Welche Eigenschaft muss er oder sie unbedingt haben? Welche Eigenschaft bringt dich so auf die Palme, dass du nicht damit leben könntest? Wie behandelt er Tiere, Familie und Freunde? Dies ist ein wichtiger Indikator für Beziehungsverhalten. Wie behandelt sie Kinder? Kinder sind nämlich ein starker Spiegel unserer selbst. Als

Nächstes finde heraus, ob sie oder er die Verantwortung dafür übernimmt, wenn es Konflikte in den Beziehungen mit anderen gibt, oder es einfach auf die anderen schiebt. Gibt er ständig anderen die Schuld? Ist sie loyal und ehrlich zu anderen? Hält er seine Versprechen? Ist er unglaublich neurotisch und versucht immer, etwas zu finden, worüber er sich beklagen kann? Misstraut sie dir oder stellt sich ständig als Opfer dar? Stellt er sich über andere und ist narzisstisch? Macht sie ständig Drama und erwartet von dir, dass du dich darum kümmerst? Versucht er, dich ständig eifersüchtig zu machen? Und die wichtigsten Fragen: Wie fühlst du dich, wenn du mit diesem Menschen bist? Habt ihr die gleichen Werte?

Würdest du diesen Menschen deiner Familie vorstellen wollen? Könntest du ununterbrochen mit ihm oder ihr reden? Fühlst du dich immer noch energetisiert, nachdem ihr mehr Zeit miteinander verbracht habt, oder eher ausgelaugt? Herrscht eine körperliche Anziehung? Das alles sind wirklich wichtige Fragen, wenn du vorhast, eine lange Beziehung mit einer Frau oder einem Mann zu führen. Vergiss allerdings nie: Liebe ist etwas, das man zusammen aufbaut und im Herzen trägt, nicht etwas, das man von dem anderen verlangen sollte. Eine gelungene Beziehung bedeutet viel Arbeit. Man geht durch dick und dünn, es geht auf und ab, und das ist völlig normal.

Ich sehe oft, wie Pärchen so tun, als wäre bei ihnen alles ideal und sie hätten keinerlei Schwierigkeiten oder Hindernisse, sondern wären durch und durch glücklich. Es gibt sehr viele Menschen, denen der äußere Schein wichtiger ist als das innere Erleben. Oft ist die schönste Fassade ganz schön wackelig; kratzt man daran, kann man sehen, dass die Menschen dahinter nicht wirklich glücklich sind. Es wäre viel besser, auch zu den negativen Seiten zu stehen. Die schweren Zeiten, Herausforderungen und Hindernisse sind eben auch das, was eine Beziehung ausmacht. Es ist der unsichtbare Kleber, der die Beziehung zusammenhält. Es ist das Investment, welches du ständig tätigst, weil du an etwas in euch glaubst. Leid ist das Holz, dass du in das Feuer des Erfolges wirfst. Du wirst immer wieder und wieder etwas Holz reinwerfen müssen, weil das Feuer sonst ausgehen wird, sobald alles zu glatt läuft.

Wir erinnern uns immer eher an die schweren als an die guten Momente. Sei dir im Klaren darüber, selbst wenn du den Traumpartner finden solltest, ist es völlig normal, dass es zu Streit kommt. Wichtig ist, wie ihr beide mit diesem Streit umgeht, denn jeder Konflikt birgt etwas Gutes in sich. Es ist die beste Chance, um aneinander zu wachsen.

DURCH DAS FEUER DER LIEBE

Liebe ist, wie bereits beschrieben, ein Prozess. Jeder von uns muss all das, was zur Liebe gehört, im Leben durchmachen: Verliebtheit, Zurückweisung, höchstes Glück, Vereinigung, Trennung, Schmerz. All das gehört zum emotionalen Wachstum, was eben oft wehtun kann. Schmerz und Leid sind jedoch zwei verschiedene Dinge. Wenn du den Schmerz als Teil deines persönlichen Wachstums siehst, dann musst du nicht deswegen leiden, sondern kannst ihn als Notwendigkeit ansehen. Diese Betrachtungsweise kann dein Leben um einiges einfacher machen. Wenn du jedoch glaubst, dass der Schmerz dazu da ist, um dich zu quälen, dann kannst du mit absoluter Sicherheit davon ausgehen, dass das Leid nicht auf sich warten lässt.

Alles in allem geht die Liebe immer durch die folgenden drei Stufen: Verliebtheit, Vertrauen und Loyalität. Verliebtheit ist dabei der Moment, in dem wir völlig verrücktspielen, weil wir jemanden unbedingt für uns haben wollen. Nicht selten passiert dies in jungen Jahren. Wir haben noch kein allzu starkes Selbstbewusstsein, und unsere Hormone spielen mit uns ihr Spielchen. Es ist die Mischung aus Oxytocin, Dopamin, Phenylethylamin, Testosteron, Östrogen, Dehydroepiandrosteron und Serotonin, die gleichzeitig durch unseren Körper schießen und uns den unfassbaren Fokus auf eine einzige Person geben, während das Angstzentrum größtenteils runterfährt. Unser System hat erkannt, dass bei unserem Schwarm die besten Gene auf uns warten, und so wollen wir diesen Menschen für uns gewinnen, koste es, was es wolle.

Es ist also nichts dabei, wenn du mal verliebt bist, dein Körper macht das einfach mit dir. Wenn du allerdings niemals dahinterblickst, dass du mehr bist als nur dein Körper und die darin enthaltenen Hormone, dann wirst du immer nur ein Leben auf dieser Ebene führen. Ein Leben, das auf die Bedürfnisbefriedigung des Körpers ausgelegt ist. Tatsächlich aber geht deine Existenz weit darüber hinaus, und das lernst du, je mehr Zeit du mit jemandem verbringst. Mit der Zeit baut sich mehr und mehr Vertrauen auf. Man erkennt, ob man sich aufeinander verlassen kann oder ob es eine dumme Idee wäre. Erst, wenn du über die körperlichen Bedürfnisse hinausgehst, kannst du dir sicher sein, dass ihr beide Vertrauen zueinander haben könnt. Das bedeutet nämlich, dass man versteht, wie man den Verstand einsetzt.

Oft hat man einen schwachen Moment und ist bereit, die Beziehung aufs Spiel zu setzen, nur um eine Nacht mit jemand anderem zu verbringen. In diesem Moment sollte man sich fragen: »Würde ich wollen, dass mein Partner mich hintergeht? Ja oder nein?« Wenn du dich selbst nicht liebst, dann wirst du die Frage nicht ehrlich beantworten, nach dem Motto: Was sie nicht weiß, macht sie nicht heiß. Wenn du jedoch bereits selbstbewusst genug bist, dann wirst du die Situation objektiv einschätzen können. Dir würde klar werden, dass keiner dir jemals so etwas antun sollte, also würdest du es auch nicht tun. Es ist nichts Schlimmes daran, mit jemand anderem zu schlafen. Das Schlimme ist, das zu tun, obwohl man weiß, dass man jemanden damit verletzen wird. Wenn dein Partner oder deine Partnerin Bescheid weiß und kein Problem damit hat, dann ist es selbstverständlich eine andere Sache. Es ist eure Angelegenheit. Ihr entscheidet immerhin gemeinsam, wie euer Leben verlaufen soll.

Ihr entscheidet zusammen, wo die Reise hingeht. Wollen wir zusammenwohnen? Möchten wir irgendwann eine Familie gründen? Können wir so viel Zeit gemeinsam verbringen? Werden wir füreinander da sein, wenn wir uns brauchen oder krank sind? Erst, wenn all diese Dinge geklärt sind, kann es zu Loyalität kommen. Dem absoluten Versprechen, dass ihr es gemeinsam durchziehen wollt. Die Entscheidung, dass

masteryourmind

ihr als ein Team funktioniert. Jeder von euch arbeitet intensiv an sich selbst, doch für ein gemeinsames Miteinander. Es ist also beschlossene Sache, und es gibt kein Drumherum. Was ab diesem Moment gilt, ist der absolute Zusammenhalt. Ihr funktioniert als Einheit, so, als ob ihr eins wärt. Mit der Zeit wirst du nämlich merken, dass ihr anfangt, dasselbe zu denken und zu empfinden oder zu fühlen. Es ist eine absolute Koexistenz. Du hast dich dazu entschlossen, auch sein oder ihr Leid zu tragen, ebenso wie das Glück, in guten und in schlechten Tagen.

MÄNNER UND FRAUEN

Ich habe weiter vorne schon geschrieben, dass ich der Meinung bin, dass es wesentliche Unterschiede zwischen Mann und Frau gibt. Mir ist bewusst, dass es in der Gesellschaft gerade eine Tendenz dazu gibt, diese Unterschiede zu verleugnen. Aber ich vermute, die meisten würden mir zustimmen, wenn ich sage, in einer Beziehung merkt man diese Unterschiede recht deutlich. Wenn man lange zusammenbleiben möchte, gilt es vor allem, nicht in diesen Differenzen unterzugehen. Deshalb finde ich es auch so wichtig, dass man diese Unterschiede klar erkennt und benennt. Denn dann können wir umso besser auf das andere Geschlecht eingehen und wirklich etwas ändern.

Jeder von uns hat eine weibliche und männliche Seite in sich. Jeder Mann wird auch mit einer weiblichen, kreativen und sozialen, kommunikativen Seite geboren, in unterschiedlich starker Ausprägung natürlich. Ebenso wird jede Frau mit einer dominanten, maskulinen, rationalen und zielgerichteten Seite auf die Welt kommen. Wir sind auf einer geraden Linie, entweder ganz links im Maskulinen oder ganz rechts im Femininen. Natürlich nur, wenn wir im Extremen sind. Die Aufgabe ist es aber immer, in die Mitte zu kommen. Jemand, der sehr männlich ist, muss lernen, seine feminine Seite mehr zuzulassen. Das bedeutet, mehr in die Kreativität und Kommunikation sowie Emotionen zu gehen, während es für die Frauen nicht schaden kann, sich mehr auf die männlichen Eigenschaften zu besinnen. Natürlich nur, wenn sie nicht bereits zu viel davon haben. Denn es gibt selbstverständlich auch sehr maskuline Frauen oder sehr feminine Männer, bei denen das Ganze dann umgekehrt laufen würde. Wie würdest du dich selbst einschätzen? Bist du eher auf der maskulinen oder femininen Seite? Bist du eher emotio-

masteryourmind

nal oder rational? Mehr der Mensch, der knallhart Aufgaben erledigen will oder lieber mit anderen gemeinsam Zeit verbringen und daran wachsen möchte? Der größte und klarste Unterschied ist natürlich das Aussehen. Dann gibt es aber natürlich Dinge, die unsichtbar sind, wie beispielsweise das Verhalten bei Stress. Wie gesagt, reagieren Männer dann eher aggressiv, während Frauen eher in die Opferrolle fallen. Ein Mann lässt seine Wut schon mal am Boxsack aus, während eine Frau ihre Probleme am liebsten mit Freundinnen durchkaut. Alles in allem regelt der Mann seine Probleme am liebsten durch eine konkrete Aktion. Er hat Stress? Er geht laufen. Sie hat Stress? Sie will darüber reden.

Ich habe die Erfahrung gemacht, dass Frauen oft gar nicht sofort den Konflikt lösen wollen. Deshalb sollte man als Liebhaber nicht auf die Idee kommen, ihr eine Lösung vorzuschlagen, wenn sie einfach nur reden will, um mit ihren Gefühlen klarzukommen. Wenn sie Probleme auf der Arbeit hat und sich über ihren Boss beschwert, weil er eine Aufgabe an sie abgedrückt hat, dann reicht es nicht, wenn du als Mann einfach sagst: »Du musst zu ihm hingehen und das persönlich klären.« Es geht hier vor allem darum, gemeinsam Zeit mit Kommunikation zu verbringen. Er wiederum ist jemand, der diese Lösungen schnell parat hat. Er braucht sie, denn sie machen ihn zu jemandem, der gebraucht wird. Männer wollen eben das. Sie wollen gebraucht und benötigt werden, während eine Frau geliebt und gemocht werden will. Wenn er also wieder seine Ruhe haben will, weil er Stress auf der Arbeit hat, dann freut er sich, wenn er ganz allein eine Lösung dafür finden kann.

Was du also tun kannst, wenn du eine Frau bist, ist, ihm gut zuzusprechen. Du könntest ihm sagen »Du findest sicher eine Lösung, du hast es ja bisher immer geschafft, ich glaube an dich!«, anstatt selbst Lösungen vorzuschlagen. Das konfrontiert ihn nur noch mehr mit seiner Unsicherheit. Wenn eine Frau ständig Lösungen anbietet, fühlt er sich nämlich automatisch inkompetent. Wenn er also mal wieder still und in sich gekehrt ist, dann will er nicht unbedingt reden, sondern viel mehr nachdenken, um eine Lösung zu finden, und zwar für sich selbst.

Weiterhin sollte man klar zwischen der Art und Weise unterscheiden, wie Männer und Frauen kommunizieren. Ein Mann sagt, was er meint, und das war's. Wenn er also sagt »Ich habe keine Zeit«, dann meint er das mit sehr hoher Wahrscheinlichkeit genau so. Es liegt nicht an dir. Du brauchst nicht gleich denken, dass du ihm nicht mehr gefällst oder dass du etwas falsch gemacht hast, sondern er hat schlichtweg einfach keine Zeit, und das ist alles. Während Frauen oft mit der Botschaft hinter der Botschaft kommunizieren. Wenn sie sagt, dass sie keine Zeit hat, dann meint sie sehr viel wahrscheinlicher, dass sie unzufrieden ist mit der Art und Weise, wie die Beziehung momentan läuft, und sich erhofft, dass er wenigstens den Wunsch äußert, mehr Zeit mit ihr zu verbringen. Dabei ist der Mann vor allem darauf aus, seine Wörter dazu zu verwenden, so schnell wie möglich zu einem gewünschten und logischen Ergebnis zu kommen. Die Frau hingegen nutzt Wörter eher, um ihre Emotionen zu durchleben und sie auszudrücken. Sie benutzt ihren ganzen Körper, wenn sie redet, um das Gefühl so gut wie möglich nach außen zu tragen.

Geben und nehmen ist ebenfalls ein Thema, das recht stark geschlechterabhängig ist. Männer sind eher konkurrenzgesteuert, während Frauen eher sozial sind. Ein Mann würde häufiger seine eigenen Interessen auf Kosten anderer durchziehen, während eine Frau sich selbst sehr oft zurücknimmt, um anderen mehr zu geben. Das sorgt ebenfalls oft für Konflikte in Beziehungen. Er braucht dieses Konkurrenzgehabe, um sich mächtig zu fühlen. Es treibt ihn an, während Frauen vor allem durch Rückhalt und Vertrauen weiterkommen. Dieser Rückhalt drückt sich vor allem durch den Austausch von Emotionen aus. Emotionen sind für den Mann jedoch Dinge, die ihm im Weg stehen, wenn er seine Ziele erreichen will, während sie für sie ein Weg sind, um sich zu verbinden. Wie nicht schwer zu erkennen ist, liegt hier mächtig Potenzial für Konflikte in Beziehungen.

Der Mann hat also ein ganz einfaches Verständnis von einer Beziehung. Er sagt »Ich liebe dich«, und so meint er das auch. Das vermutet er aber leider auch von ihr. Er denkt, wenn er es einmal gesagt und bestätigt hat, dann reicht das, da er ein Mann ist, und es nur auf seine Art und Weise kapiert. Sie hingegen braucht ständige Bestätigung und klare Zeichen dieser Liebe. Wieder und wieder, denn das ist das, was Liebe für eine Frau ausmacht. Gemeinsame Zeit und das Auskosten der Emotionen. Männer sollten wissen, dass Frauen schnell enttäuscht sind, wenn sie nicht von Zeit zu Zeit solche Liebeszeichen bekommen. Sie wird unzufrieden und beschwert sich, der Mann nimmt es persönlich, und das Chaos ist vorprogrammiert. Auf der Seite des Mannes ist es deshalb wirklich wichtig, dass er es niemals persönlich nimmt, wenn sie gerade emotional ist. Das ist völlig normal. In diesen Situationen gilt es für den Mann, einfach für sie da zu sein, ohne sich emotional mitreißen zu lassen. Mache dir klar, dass du ihr nicht einfach nur einen Gefallen tust, wenn du ihr zum Beispiel einen Blumenstrauß mitbringst. Zeichen der Hinwendung sind der Schmierstoff, der eure Beziehung auch nach langer Zeit am Laufen hält. Es muss nicht immer ein materielles Geschenk sein. Überrasche sie mit einem gemeinsamen Ausflug oder koche ein leckeres Essen für sie. Oder ganz einfach: Nimm sie in den Arm, und sei einfach für sie da.

Der Mann braucht nicht so sehr ständige Liebeszeichen als vielmehr das grundlegende Gefühl, von der Frau voll anerkannt und respektiert zu werden. Er wünscht sich vor allem Zustimmung, Ermutigung, Anerkennung, Bewunderung und Wertschätzung. Er will gebraucht werden. Die Frau hingegen sehnt sich nach Verständnis, Beruhigung, Hingabe, Respekt und Bestätigung. Damit diese beiden verschiedenen Seiten harmonisch zusammenleben können, ist es wichtig, eine gute Kommunikation zu haben. Hier möchte ich vor allem an die Männer appellieren. Wenn ihr ein Problem in der Beziehung seht, versucht nicht, es für euch allein zu lösen. Redet mit euren Frauen – sie haben es bestimmt schon versucht! Wenn es einem Teil des Paares schwerfällt, solche Beziehungskommunikation zu betreiben, solltet ihr euch in regelmäßigen Abständen einen festen Termin dafür machen. Macht euch eine Tasse Tee, setzt euch gemütlich auf die Couch, schaltet alle Screens aus und redet eine Stunde lang über euch. Nicht mehr und nicht weniger. Ihr werdet sehen: Das wirkt Wunder! Nehmt euch fest vor, nicht zu emotional zu werden. Niemandem bringt es etwas, wenn man sich anschreit und gegenseitig mit Vorwürfen überzieht. Es ist überaus wichtig, zu verstehen, dass ihr nicht zwei Menschen seid, die sich gegenseitig fertigmachen, sondern eben zwei Menschen, die ein und denselben Gegner haben, und zwar sich selbst.

Wir kämpfen andauernd mit uns selbst, schieben die Schuld aber gerne auf den anderen, wenn es nicht so läuft. Der oder die andere ist dann dazu da, dass wir selbst über unsere chaotischen Verhaltensmuster hinwegsehen können. Das bedeutet: Das nächste Mal, wenn du bemerkst, dass er oder sie merkwürdig ist, dann lege dein Ego einfach beiseite und sei für ihn oder sie da. Höre ihm oder ihr zu. Frage, was er oder sie auf dem Herzen hat. Tauscht euch einfach aus, als Team, anstatt euch gegenseitig Urteile gegen den Kopf zu werfen. Sprecht aus eurer Sicht heraus: »Du hast mir gestern durch dein Verhalten ein schlechtes Gefühl gegeben. Vielleicht war das nicht beabsichtigt, aber für mich fühlt es sich eben so an. Deshalb bin ich gerade ein bisschen angeschlagen und down. Sicherlich habe ich etwas falsch verstanden, aber ich wollte dir einfach mitteilen, dass ich mich so fühle.« Das wäre beispielsweise ein völlig urteilsfreier Satz.

Gegenseitige Schuldzuweisungen sind ein wahrer Beziehungskiller, trotzdem gibt es sie in jeder Beziehung. Er hat den Müll nicht rausgebracht? Das hat er sicher nur deshalb nicht getan, damit ich mehr Hausarbeit machen muss! Wir finden eine Situation vor, die uns nicht gefällt und haben sofort irgendwelche Annahmen. Du sagst etwas, und sie verdreht die Augen, also nimmst du an, dass sie dich nicht ernst nehmen will. Du vergräbst dich in deinem Zimmer, um in Wut oder Frustration zu baden. Stattdessen solltest du solche Dinge immer wieder sofort ansprechen: »Hey, dein Augenrollen gibt mir irgendwie das Gefühl, als würdest du meine Worte nicht ernst nehmen. Ist es denn so oder täusche ich mich gerade?«

Das könnte dir wie eine große Schwäche vorkommen. Dabei ist es aber tatsächlich eine Form von enormer Stärke, weil du in diesem Moment zu deinen Gefühlen stehst, anstatt sie zu verdrängen und so zu tun, als wären sie nicht da. Das wäre nämlich wieder eine Form von Verleugnung, die dir sehr viel Unglück bringen würde.

An dieser Stelle magst du dir denken: Wozu denn das Ganze? Warum all die Kopfschmerzen und das Theater? Wenn man allein all diese Strapazen nicht hat, wieso sollte man dann überhaupt eine Beziehung haben wollen? Es gibt darauf eine zentrale Antwort: Wir Menschen sind soziale Wesen, und deshalb ist alles in unserem Leben Beziehung. Es geht nicht nur um den Partner. Du hast eine Beziehung zu allen Menschen, die du kennst oder denen du begegnest, sogar zur Verkäuferin beim Bäcker. Und wenn es dir gelingt, alle diese Beziehungen gelingend zu gestalten, wirst du ein glücklicher Mensch werden. Alle Beziehungen zu anderen Menschen sind dazu da, um wahre Liebe zu erschaffen.

DIE LIEBE VON OBEN GESEHEN

Die folgenden Worte sind keine Feststellung. Es sind lediglich Anregungen. Die nächsten Seiten werden anders sein als alle anderen davor. Wenn du sie liest, dann versuche, nicht mit deinem Verstand dagegenzuarbeiten. Um das Beste aus diesem Buch herauszuholen, versuche, die folgenden Abschnitte völlig neutral zu lesen. Als gäbe es nur diesen Moment und keinerlei weitere Erinnerungen an irgendeines dieser Worte. Denn wenn du das Ganze wirklich verstehen willst, musst du es neutral sehen, ansonsten kannst du das Buch bereits zur Seite legen. Die folgenden Zeilen sind also nur für dich, wenn du bereit dazu bist. Vielleicht aber bist du es erst in einem Jahr oder in zehn Jahren. Hebe also das Buch gut auf, auch wenn dir die nächsten Kapitel jetzt noch nicht zusagen. Irgendwann wirst du den Inhalt dieser Zeilen wirklich verstehen. Lass die folgenden Sätze so gut wie möglich in dein Herz eintauchen, ohne dass der Türsteher versucht, diese Wörter auseinanderzunehmen. Gib dem Verstand Feierabend, um das Bestmögliche aus diesem Buch herauszuholen. Los geht's!

Die Wahrheit über all unser Leid liegt meiner Meinung nach in den Unterschieden, die wir machen. Dass wir viel zu häufig die Unterschiede sehen, die es zwischen all den Dingen gibt, die wir in unserem Leben haben. Das, was wir in Dingen sehen, ist eben die Beziehung, die entsteht. Es gibt immer zwei Teile, die unterschiedlich sind. Dazwischen ist eine Brücke. Welche Bedeutung wir dieser Brücke geben, beeinflusst maßgeblich unsere Beziehungen. Ich meine das ganz philosophisch: Es gibt einen Anfang und ein Ende, Geburt und Tod. Dazwischen ist eine Brücke. Diese Brücke ist dein Leben. Wie du dieses Leben siehst, wird darüber entscheiden, wie gelungen es am Ende sein wird. Leider sehen die meisten dieses Leben aus der Egoperspektive. Dies ist die Perspektive der Unterschiede und der gesellschaftlichen Konstrukte. Liebe kann in dieser Perspektive nicht existieren, es sei denn, die Konstrukte passen zum System der Liebe. Um wahre Liebe erfahren zu können, musst du Folgendes verstehen: Sie ist die vollkommene Akzeptanz der Dinge, so wie sie sind. Der einzige Grund, warum alles in diesem Leben oft ins Leid abdriftet, ist, dass wir die Vollkommenheit der Dinge nicht sehen oder sehen wollen. Wir haben uns verloren in einer Welt, in der es Gut und Böse gibt. Zwei Seiten, die eigentlich Teil eines Ganzen sind.

Auch diese beiden Seiten haben etwas mit Beziehungen zu tun. Warum gibt es Streit? Warum gibt es Menschen, die andere umbringen? Warum gibt es Krieg? All das wird von Menschen angezettelt, die zu wenig Wert auf gelingende Beziehungen, auf die Liebe legen. Oder sich nicht bewusst sind, dass sie die Brücke zwischen Geburt und Tod, die Brücke, die wir Leben nennen, auf zu wackeligen Säulen bauen. Warum versuchte der Junge, der ich früher war, Menschen auf offener Straße zu überfallen? Weil ich dachte, dass es das Richtige ist. Ich konnte einfach keine besseren Entscheidungen in diesem Moment treffen. Ich hatte nie jemanden, der mir den Weg gezeigt hat, es besser zu machen. Vielleicht verstehst du ja jetzt, warum Beziehungen so wichtig sind. Wenn wir niemanden haben, an den wir uns wenden können und der uns zuhört, der sich die Mühe macht, unser Ego zurückzudrängen, dann werden wir untergehen.

Wir alle sind eins, und wir stehen in Beziehung zueinander. Eine Liebesbeziehung ist nur eine andere Form davon. Sie macht etwas, das dir völlig missfällt, und du verurteilst sie. Das ist dein Problem. Du verurteilst nicht sie, sondern eigentlich dich selbst. Sie ist nämlich ebenfalls *du*! Sie ist ein Teil von allem was ist, genauso wie du. Sie ist Teil dieses Universums, genauso wie *du*. Sie hat Ängste und Zweifel, genauso wie *du*. Du hast die Macht, dieses Licht zu sein, das sie wieder erinnern lässt, wer sie wirklich ist. Stell dir vor, jemand kommt und beleidigt dich. Macht dich runter und versucht, dich vor allen anderen lächerlich zu machen. Was würde passieren, wenn du gar nicht darauf eingehst, sondern einfach auf ihn zugehst und ihn umarmst? Er könnte dich für verrückt erklären oder weiter toben oder einfach anfangen, zu heulen. Aber tief in seinem Inneren wird er sich sagen: »Was bin ich nur für ein Idiot? Warum habe ich das gerade getan? Wieso habe ich versucht, ihn fertig zu machen?« Du bist in diesem Moment ein Vorbild. Der Stern, nach dem sie sich richten können, wenn sie in der Dunkelheit verloren sind. Du bist derjenige, der sich im Klaren darüber ist, dass alle ein Teil des Ganzen sind, dass alles eins ist.

DAS GANZE BILD

Was wäre die übliche Reaktion, wenn jemand versucht, dich fertigzumachen? »Was willst du damit sagen? Was bildest du dir ein! Sei gefälligst leise, du wirst schon noch sehen!« Warum keifen wir zurück? Weil der verbale Angriff unser Bild von uns selbst verletzt. Was ist jedoch dieses Bild? Es ist unser Ego. Wir meinen eigentlich, dass wir so viel besser als die anderen sind, dabei sind wir genauso ängstlich und verletzlich. Eine selbstbewusste Person, die mit sich im Reinen ist, würde nicht sofort zurückschreien und die Eskalation suchen. Sondern in sich hineinlächeln und einfach weitergehen. Oder besonders liebevoll auf den Angreifer reagieren.

Wir identifizieren uns meistens zu sehr mit unserem Ego. Dieses Ego baut auf einer Identität auf, von der uns erzählt wurde, dass sie besonders wichtig ist. Wir haben gewisse Informationen erhalten, zum Beispiel einen Namen, einen Geburtsort, ein Land, mit dem wir uns identifizieren können, einen Glauben und bestimmte Werte. Wir halten uns unfassbar stark an diesen Dingen fest, als wären sie die Säulen, die unser Haus stützen. Dieses Haus ist unser Leben. Wenn jemand dir sagt, dass du ein Loser bist, dann glaubst du, dich sofort verteidigen zu müssen, damit dein Gesicht nicht verloren geht, doch warum? Warum tun wir dies? Es ist die Angst, unbedeutend zu sein, nicht wahr? Dass wir nichts wert sind. Die Tatsache, dass wir *sind*, ist aber bereits ein Beweis dafür, dass wir etwas wert sind, denn wenn wir *sind*, dann sind wir ja existent. Wir sind ein Teilchen eines ganz großen Bildes. Ohne dieses kleine Teilchen wäre das gesamte Bild nicht komplett. Welche Rolle dieses Teilchen jedoch annimmt, ist ihm selbst überlassen. Ob es sich nun so sehr an das Leben klammert, weil es lieber überleben als ein Über-Leben will, ist dem Teilchen selbst überlassen. Du bist dieses Teilchen. Du bist das ganze Bild.

In all den Jahren, in denen ich mich bisher mit dem Mindset sowie den unsichtbaren Naturgesetzen beschäftigt habe, ist mir vor allem eines klar geworden: Es gibt keine Zufälle. Ich kam eines Tages in ein kleines Café. Gleich neben mir saß ein junger Mann, der mich aus den Medien kannte. Er sprach mich an und sagte zu mir: »Hey, du bist doch Coach. Was könnte ich in meiner jetzigen Situation tun?« Es ging darum, dass er Probleme in der Familie hatte. Es gab zwei Familien, die in ein und demselben Haus lebten, aber zerstritten waren. Er bekam das Ganze hautnah mit und litt darunter. Ich fragte ihn also: »Wie lange versuchst du bereits, das Ganze zu regeln?« Seine Antwort war: »Schon seit langer Zeit, und es funktioniert einfach nicht. Es macht mich wahnsinnig!« Meine nächste Frage war: »*Warum* versuchst du, das Ganze zu regeln?« Seine Antwort war: »Weil ich will, dass es ihnen gut geht.« Also hakte ich noch einmal nach und fragte: »Dass es ihnen gut geht oder dass es dir gut geht?«

Im ersten Moment verneinte er und sagte, dass es ihm um die anderen ginge. Das ist eben das Ego. Er wollte nicht schlecht vor mir dastehen. Er versuchte, der gesellschaftlichen Norm zu entsprechen. In der Gesellschaft darf es dir nicht nur um dich gehen. Dir muss es immer um die anderen gehen, damit du ein guter Mensch bist. Dadurch verleugnest du aber das, was ist. Er wollte einfach nicht gleich zugeben, dass ihn der Streit zwischen den beiden Familien nervte und dass er einfach seine Ruhe haben wollte. Im Laufe des Gesprächs erkannte er das und gab es auch zu. Ich riet ihm: »Lass sie alle einfach sein, wie sie sind, und akzeptiere sie. Sie schreien, weil sie mit sich selbst nicht klarkommen. Sei ihnen ein Vorbild und zeig ihnen, wie es geht. Versuche, nicht irgendwen zu verändern, sondern verändere dich und zeige, welch großartigen Effekt es hat.«

Es geht nicht darum, die Welt dort draußen zu verändern, sondern darum, welche Größe in uns liegt. Nach ein paar Minuten erklärte ich ihm genau das. Dass alles da draußen nur ein Spiegel ist. Dass *Alles* existiert und wir ein Teil davon sind. Dass jeder von uns ein Ebenbild Gottes ist, ein Stück Liebe in sich trägt, und dass die meisten dies einfach vergessen haben in der Rushhour des Alltags. Dass diese Intelligenz, die *Alles* ist, sich mit sich selbst unterhält und immer mehr und mehr lernt, um sich zu erinnern. Ich sagte zu meinem Gesprächspartner: »Dass ich jetzt gerade neben dir sitze und dir all das erzähle, ist kein Zufall. Du hast danach gerufen, ist es nicht so? Du hast die Tür dafür geöffnet, und es ist gekommen. Ich bin nur das Instrument, durch das diese allmächtige Intelligenz mit sich selbst spricht, um weiter zu wachsen. Du und ich sind nicht getrennt. Wir sind verbunden.« Das alles mag vielleicht sehr religiös oder spirituell für dich klingen, und es mag sein, dass du mit dem Kopf schüttelst und dein Verstand dir hier den Zugang versperrt. Doch ich schwöre dir: Nach all der Zeit, die ich mich intensiv damit beschäftigt habe herauszufinden, was sich hinter der Dynamik des Lebens verbirgt, kam ich immer wieder an diesen Punkt.

Das größte Hindernis bei der Erkenntnis, dass alles eins ist, ist die Zeit. Wir leben nun einmal linear und können uns daher nicht vorstellen, wie alles mit allem zusammenhängt. Wenn du verstehst, was Zeit ist, dann verstehst du, warum wir eigentlich in einer Illusion leben. Dafür kannst du dir ein Auto vorstellen, das an dir vorbeifährt. Stell dir vor, es fährt 5 km/h. Du hättest kein Problem, es zu sehen, oder? Was ist, wenn es 100 km/h fährt? Auch kein Problem, richtig? Was ist, wenn es 1000 km/h fährt? Wird schon etwas schwieriger, stimmt's? Was aber, wenn es schneller als das Licht ist? Kannst du es dann noch wahrnehmen? Kannst du es noch sehen? Wenn das Auto eine so hohe Geschwindigkeit annimmt, ist es für das bloße Auge nicht mehr sichtbar. Das bedeutet aber nicht, dass es nicht da ist. Mit unserer menschlichen Wahrnehmungsfähigkeit können wir nur begrenzt Dinge erkennen. Du hast einen Filter auferlegt bekommen, mit dem du nicht mehr alles wahrnehmen kannst.

Es ist wichtig, sein Leben von der Linearität der Zeit abzukoppeln. Die meisten Menschen leben gedanklich entweder in der Vergangenheit oder in der Zukunft. Diejenigen, die in der Vergangenheit leben, stellen sich ständig diese Fragen: Hätte ich nicht doch lieber XY heiraten sollen? Hätte ich einen anderen Beruf ergreifen sollen? Wäre ich auf dem Weg doch lieber links abgebogen, wäre ich dann glücklicher geworden? Diejenigen, die in der Zukunft leben, quälen folgende Gedanken: Erst muss ich ein neues Auto haben, dann finde ich auch eine Freundin. Jetzt muss ich noch schnell Wäsche waschen und saugen, vorher darf ich mich nicht entspannen. Und so weiter. Der Fehler dabei ist, dass wir unser Leben so niemals entscheidend beeinflussen können, weil wir nie im Hier und Jetzt sind.

Das Hier und Jetzt ist dieser Moment, von dem alle sprechen, wenn es um Achtsamkeit geht. Das Jetzt! Warst du jemals woanders als im Jetzt? Hast du jemals etwas anderes wahrgenommen als den jetzigen Moment? Blöde Frage, den wenigsten gelingt es, wirklich im Jetzt zu leben. Achtsamkeit ist etwas, das man immer wieder lernen muss. Aber sie hilft uns, das Leben besser zu leben und nicht getrieben zu sein, von Gedanken, die eh nichts bringen.

Die meisten von uns haben ein Leben gewählt, das nicht Liebe und Fülle als zentralen Bestandteil hat. Ich habe dir in diesem Buch gezeigt, wie du dir dessen bewusst wirst und wie du es ändern kannst. Ich hoffe, ich habe dir gezeigt, dass dir alle Möglichkeiten offenstehen. Dass du es selbst in der Hand hast. Du hast die Gabe, alles in deinem Leben wahrzumachen, was du dir wünschst. Die vollkommene Liebe und das ganze Potenzial dazu sind bereits da, du musst es nur sehen. Die Energie der Liebe fließt bereits durch alles hindurch, du musst einfach nur noch deine Haustür öffnen, um sie reinzulassen. Diese Haustür ist momentan noch dein Verstand. Sobald du jedoch aufmachst, kann neue Energie in dieses Haus fließen, und die alte wird gehen. Die Energie des Zweifels und Mangels. Das mag zwar anfangs unbequem sein, doch wenn es mit deinen Wünschen in Einklang ist, dann ist es das einzig Vernünftige.

Du bist niemandem eine Hilfe, wenn du traurig bist oder dich selbst bemitleidest. Du kannst niemandem helfen, wenn du dir selbst nicht treu bist. Erst wenn du zu dir selbst stehst, sendest du die Energie der Fülle und des Überflusses aus. Erst dann kannst du den anderen ein Licht sein. Deshalb kümmere dich mit all deiner Kraft um deine Träume und Visionen. Erschaffe dein höchstes Selbst, um diesem immer treu zu sein. Kreiere eine Version von dir, die über alles hinausgeht, was du dir bisher vorstellen konntest. Hab keine Angst vor den Erfahrungen auf diesem Weg. Diese Erfahrungen sind wie Geschenke für deine Seele, um an ihnen zu wachsen. Du bist der Kokon, damit die Seele zum Schmetterling wird.

Wenn ich sage, dass das Böse nicht existiert, dann meine ich damit nicht, dass du all das Übel dieser Welt einfach hinnehmen sollst. Es gibt einen großen Unterschied zwischen akzeptieren und hinnehmen, und der findet in deinem Herzen statt. Wenn jemand dich angreift, dann kannst du akzeptieren, dass er dies tut, weil er es eben nicht besser weiß. Das bedeutet aber nicht, dass du es hinnehmen musst, wenn er versucht, dich zu verletzen. Liebe bedeutet nicht, einfach wehrlos dazustehen. Liebe bedeutet, alle Möglichkeiten zu nutzen, gelingende Beziehungen zu den Menschen zu schaffen. In der Kampfkunst wird häufig von dem *friedlichen Weg* gesprochen. Das heißt nicht, dass man sich schlagen lassen soll. Das bedeutet, dass man sich darum bemühen soll, zu lernen, wie man den Gegner mit dem geringsten Schaden außer Gefecht setzt oder dafür sorgt, dass der Gegner gar nicht erst angreift. Die Welt da draußen ist verrückt, doch wir dürfen nicht einfach wegschauen und sagen, dass wir nichts damit zu tun haben, denn diese Welt hat immer auch etwas mit uns zu tun. Wir sind mit ihr verbunden und mit all den Menschen, die in ihr leben.

Wir sollten die Augen öffnen und akzeptieren, dass wir der Grund für all das Unheil sind. Denn dann können wir auch sehen, dass wir der Grund für die Liebe sind. Dass wir der Anfang einer Veränderung ins schönere und wundervollere gemeinsame Leben sind. Wenn wir bei uns starten, erschaffen wir die Möglichkeit, unser Licht nach außen zu verbreiten, sodass andere heller leuchten können. Irgendwann wird alles so hell erleuchtet sein, dass es kaum noch Schatten gibt. Der Schatten wird verschwinden, wir müssen nur bereit sein, zu leuchten.

ZUM SCHLUSS

Ich bin sehr dankbar, dass ich dieses Buch schreiben konnte. Es ist nicht so, dass ich ein unfassbar guter Autor bin oder dass ich im Schreiben meine Berufung sehe. Aber es ist immer wieder schön, zu sehen, wie wir unsere Welt selbst erschaffen können. Ich habe meine Träume und Visionen in einem Buch niedergeschrieben, und dort steht drin, dass ich Coach, Speaker und Autor bin. Hätte mir das jemand vor 20 Jahren erzählt, ich hätte es für einen Witz gehalten. Mein Beispiel zeigt, dass alles möglich ist, wenn man weiß, wie es funktioniert. In diesem Buch hast du alle möglichen Informationen erhalten, die du brauchst, um den Schleier der Welt zu lüften. Klar, auch ich habe den Stein der Weisen noch nicht gefunden. Wir Menschen wissen nur, dass wir nichts wissen. Es gibt noch viele Geheimnisse zu entdecken und zu verstehen, aber eben das ist das Schöne an unserer Reise. Niemand von uns weiß wirklich, warum wir hier sind. Ich möchte nur bewirken, dass wir ab und zu einen Schritt zurücktreten und all die Kleinigkeiten des Alltags beiseitelassen, um einen Blick auf das große Ganze zu werfen. Ich wünsche dir viel Erfolg und vor allem viel Freude dabei!

ÜBER DEN AUTOR

Isa Ulubaev wurde 1990 im Kaukasus geboren und kam im Alter von 6 Jahren nach Deutschland. Er geriet auf die schiefe Bahn und schaffte es, sich daraus zu befreien, sein Abitur zu machen und sein Leben grundlegend zu ändern. Von da an wollte er anderen auf ihrem Weg helfen. Heute ist Isa erfolgreicher Youtuber, Coach und Unternehmer.